유리 멘탈이지만
절대 깨지지 않아

유리 멘탈이지만
절대 깨지지 않아

기무라 코노미 지음 | 오정화 옮김

 밀리언서재
Million Publisher

자주 우울한 유리 멘탈들에게

"선생님, 저는 멘탈(mental)이 너무 약한 거 같아요. 멘탈이 좀 강해지면 좋겠어요."

상담하다 보면 이렇게 말하는 사람들이 꽤 많습니다.

누구나 강한 멘탈을 갖고 싶어 합니다. 멘탈이 약하면 상처받기도 쉽고 스트레스도 훨씬 더 잘 받으니까요.

그렇다면 질문을 하나 해볼까요?

"왜 우리는 멘탈이 강한 사람을 동경하는 것일까요?"
"왜 우리는 자신의 멘탈을 강하게 키우고 싶은 것일까요?"

기분이 너무 좋아지거나 아니면 지나치게 우울해지는 등 감정이 일정하지 않고 오락가락하면 피로감이 생깁니다.

'지친다.'
'짜증 난다.'
'어차피 나는 안 돼.'

이렇게 자신의 감정에 휘둘리다 보면 결국 '나도 이런 내가 싫다'라는 자기부정으로 이어집니다.

반면 멘탈이 강한 사람은 언제나 긍정적이고 표정도 밝습니다. 자신이 일하는 분야에서 성공적으로 활약하며 힘든 일이 있어도 웬만해서는 무너지지 않을 것처럼 보입니다. 그래서 누구나 멘탈이 강한 사람이 되고 싶어 합니다.

멘탈이 강하면 나 자신이 싫어지는 일도 없고, 하루하루를 즐겁게 보내며 나답게 살아갈 수 있습니다.

하지만 멘탈이 강한 사람들이라고 해서 항상 긍정적이고 표정이 밝은 것은 아닙니다.

억울한 일을 당해 마음이 울적하고 화가 나서 어찌할 줄을 모르거나, 너무 지쳐서 비관적인 생각이 드는 것은 누구나 경험합니다.

다만 멘탈이 강한 사람들은 그런 감정이 들었을 때 즉각 궤도를 수정하여 우울한 기분을 스스로 회복할 수 있습니다.

'나의 기분을 살피는 것'은
멘탈이 약하더라도 얼마든지 할 수 있습니다.

지금 이 책을 읽고 있는 사람은 적어도 자신을 '멘탈이 강한 사람'이라고 생각하지 않을 것입니다. 오히려 '멘탈이 강해지고 싶다'고 생각하지 않을까요?

멘탈이 강하지 않다 해도, 지금 그대로
내 모습도 괜찮습니다.

자신의 멘탈을 강화하려고 애쓰지 않아도 됩니다.

멘탈이 약하면
그에 맞는 나름의 사고법을 갖추면 됩니다.

그러면 멘탈이 쉽게 흔들려도 '나답게' 살아갈 수 있습니다.
정신과 전문의인 저는 매일 많은 환자들과 마주합니다. 프로

운동선수나 경영자들의 멘탈 코치를 담당하기도 합니다. 또 산업의로서 기업 직원들의 멘탈 관리도 하고 있습니다.

직업상 늘 사람들의 마음속 이야기를 듣게 되는데, 모두 매일매일 각자의 고민을 안고 살아가고 있습니다.

'저는 고민이 없어요'라고 말하는 사람을 지금껏 한 번도 만난 적이 없습니다.

정신건강의학과에 상담하러 올 정도는 아니더라도, 자신감이 떨어지거나 문득문득 불안감이 밀려오고, 매일 조금씩 지친다고 말하는 사람들이 많습니다. 그런 기분을 저도 얼마든지 공감하고 이해합니다. 저 또한 그러니까요.

저도 '나는 왜 항상 이럴까……'라며 자신을 탓할 때가 꽤 있습니다.

'정신과 상담을 받을 정도는 아니지만
지금의 멘탈로는 버티기 힘들다.'

   이 책은 이런 사람들을 위해 쓰여졌습니다. 어떻게 하면 나답게 마음 편히 살아갈 수 있을지, 정신과 전문의로서 멘탈을 관리하는 방법을 소개합니다.

   이 책에서 소개하는 방법을 실천하고 나서 사람들에게 '항상 즐거워 보인다', '큰 고민이 없어 보인다'라는 말을 듣기도 합니다. 저처럼 모든 사람들이 매일매일 기분 좋은 하루를 누리기를 바랍니다.

정신건강의학과 전문의
기무라 코노미

프롤로그　자주 우울한 유리 멘탈들에게 | 6

PART 01

사소한 것에도 쉽게 마음이 무너지는 당신

멘탈 레벨 20~40으로 살아가기 | 18

중요한 것은 강한 멘탈이 아닌 회복력 | 20

약한 멘탈을 인간적인 매력으로 극복 | 24

나는 언제 멘탈 레벨이 올라갈까? | 26

멘탈이 무너졌을 때는 생각을 멈춰라 | 29

나의 뇌를 쉬게 하라 | 32

울적할 때 보면 기분 좋은 것들 | 35

멘탈 관리 연습 1 내가 좋아하는 것들 찾기 | 38

왠지 인생이 꼬일 것 같은 기분이 들 때 | 40

'인생 간단 모드'의 스위치를 켜라 | 43

멘탈 관리 연습 2 나는 언제 기분이 좋은가? | 46

멘탈 전환에 능숙한 사람들 | 49

멘탈이 붕괴되기 전에 알아차리는 법 | 51

말로 표현할 수 없는 감정을 말하기 | 54

멘탈 관리 연습 3 내 감정에 '이름' 붙이기 | 56

PART 02 멘탈이 약한 게 아니라
단지 섬세할 뿐

지친 날에 써보는 한 줄 | 60

귀찮아도, 특별한 것 없어도 괜찮다 | 63

나를 힘들게 하는 것들의 정체 파악하기 | 66

기분이 안 좋을 때는 일을 줄여라 | 69

100명이 모두 나를 좋아할 수는 없다 | 72

상대의 기분에 맞추면 내 기분을 망친다 | 75

내가 남보다 잘하는 것 찾아보기 | 79

하루쯤 나 잘난 맛에 살아보기 | 82

멘탈 관리 연습 4 **나는 어떤 점이 대단한가?** | 84

'하루 한 번, 5가지' 나를 칭찬하기 | 87

붕괴를 막으려면 감정의 둑을 쌓아라 | 91

뇌의 작업 기억을 덮어쓰자 | 94

해결할 수 있는 불안과 해결할 수 없는 불안 | 96

좋은 감정으로 차곡차곡 채우기 | 99

멘탈 관리 연습 5 **오늘 하루 감사한 일 적어보기** | 101

PART
03

유리 멘탈이지만
절대 깨지지 않는 회복력

분위기 파악 못 해도 괜찮다 | 104
답이 없는 고민에 감정 낭비하지 마라 | 106
'부럽다'를 '나도 해보자'로 바꿔라 | 109
멘탈이 흔들릴 때 선택할 수 있는 2가지 | 112
대단한 사람 옆에 있는 나도 대단한 사람 | 115
나의 세계관을 지탱해주는 것들 | 118
의존하는 대상이 많을수록 좋다 | 122
초조할 때는 최고의 순간을 돌아본다 | 125
'괜찮아?'라고 묻기 전에 '안 괜찮다'고 말하라 | 127
유리 멘탈을 불러일으키는 말투 | 129
나 자신을 우울하게 만드는 말습관 | 132

PART
04

조금 부족한 당신이 더 매력적이야

'뭐, 어쩌겠어, 그렇게 되어버린걸' | 138
멘탈이 약한 사람과 거리를 둬라 | 141
상대의 감정에 전염되지 마라 | 144
우울함을 부채질하는 것들에서 멀어지기 | 146
하루 2시간 연속으로 스마트폰을 보지 않는다 | 149
굴욕감에서 카타르시스를 얻는 법 | 151
자존심은 자존감이 아니다 | 155
'못하는 것'이 오히려 강점이 될 때 | 159

PART 05 멘탈이 약해도 하루를 즐길 수 있는 당신

나를 위해 존재하는 것들 | 164

‘왜 나는 안 될까’라고 느끼는 사람의 멘탈 회복법 | 167

‘나만 잘되었던 순간’들도 있었다 | 170

친구에게 솔직히 털어놓을 수 있는 용기 | 173

‘내 이야기 들어줘서 고마워’ | 176

아무리 노력해도 안 되는 것들이 있다 | 178

억지로 힘내지 않아도 된다 | 181

‘열심히 할 수 없다’는 생각은 최선을 다했다는 증거 | 184

에필로그 태어난 김에, 즐겁게 사는 수밖에 | 186

"제가 멘탈이 좀 약해서요.
멘탈을 강하게 키울 수 없을까요?"

PART

01

사소한 것에도
쉽게 마음이 무너지는
당신

멘탈 레벨
20~40으로
살아가기

남다른 성과를 내면서 활약하는 사람들을 보면 왠지 모르게 '유능한 사람 = 멘탈이 강한 사람'이라는 생각이 듭니다.

중압감을 느낄 법한 중요한 순간이나 부담감이 큰 중대한 일에 직면했을 때도 안정적이고 침착하게 훌륭한 성과를 발휘하는 사람들이 있습니다.

그들의 모습을 보고 '이 사람은 멘탈이 참 강하구나'라고 생각하는 사람들이 많을 것입니다.

자신이 똑같은 상황에 놓였다면 어떻게 했을까요? 초조함과 불안감이 몰려오고, 짜증이 나거나 자신이 한심해 보이는 등 밀려오는 여러 가지 감정에 휘둘린 나머지 제 실력을 발휘하지 못하고 성과도 따라오지 않았을 것이라고 생각하겠죠.

상담하다 보면 그런 나약한 자신이 싫어서 스스로를 미워하는 악순환에 빠진 적이 있다는 이야기를 자주 듣습니다.

그리고 모두 입을 모아 이렇게 말합니다.

"제가 멘탈이 좀 약해서요……. 멘탈을 강하게 키우고 싶은데, 어떻게 해야 할까요?"

결론부터 말하면, 유능한 사람들이라고 해서 모두 멘탈이 강하지는 않다는 것입니다.

물론 경영자나 프로 운동선수 중에는 놀라울 만큼 멘탈이 강한 사람이 있습니다. 멘탈 레벨 100 이상의 강자들이죠. 하지만 그런 사람들은 정말 극소수이고, 대부분은 대체로 멘탈 레벨이 20~40 정도입니다.

유능한 사람 ≠ 높은 멘탈

멘탈 수준은 똑같은데 사람마다 차이가 나는 이유는 무엇일까요?

바로 저마다 '회복력'이 다르기 때문입니다.

중요한 것은
강한 멘탈이 아닌
회복력

'저 사람처럼 멘탈이 강하면 좋겠다'고 생각하는 사람도, 몇 번이나 '멘탈 붕괴'를 반복하고 있을 것입니다.

오히려 열심히 노력하는 사람일수록 다양한 장애물에 부딪히고, 인간관계에서 이러지도 저러지도 못해 괴로워하는 경우가 많습니다.

그들은 우리가 깨닫지 못하는 곳에서 괴로워하고, 우리가 볼 수 없는 곳에서 놀라운 속도로 멘탈을 회복하고 있는 것입니다.

반드시 멘탈이 강할 필요는 없습니다.
무조건 멘탈을 키워야 하는 것이 아닙니다.
멘탈이 약하면 약한 대로 괜찮습니다.

그보다 무너진 멘탈을 회복하는 기술이 더 중요합니다.

약해진 멘탈을 회복하지 못하고 스스로 끌어올릴 수 없다면, 의욕이 생기지 않아 쉽게 실수하고, 열심히 하려는 마음이 사라집니다.

오랫동안 동기부여가 떨어진 상태에서는 성과를 내지 못하고 회복하는 데도 많은 시간이 걸립니다. 이런 상태가 오래갈수록 점점 더 자신이 싫어지거나, 다른 사람에게 나쁜 평가를 받기 쉽습니다.

자신의 감정을 되도록 빨리, 스스로 회복하는 것이 가장 중요합니다.

멘탈을 빠르게 회복하는 방법은 크게 2가지가 있습니다.

멘탈이 쉽게 붕괴되지 않는 환경을 스스로 만든다.
멘탈을 회복할 수 있는 환경을 스스로 만든다.

애니메이션 〈스누피 : 더 피너츠 무비(The Peanuts Movie)〉에 유명한 대사가 나옵니다.

"주어진 카드로 승부할 수밖에 없어(You play with the cards you're dealt)."

'지금 자신이 처한 환경이나 가지고 있는 것으로 결과를 만들어낼 수밖에 없다'는 의미입니다. 굉장히 좋은 말인 듯한데, 과연 정말 그럴까요?

물론 지금의 환경에서 건강한 몸과 마음으로 좋은 결과를 낼 수 있으면 좋겠죠. 하지만 현실의 문제는 그리 녹록지 않습니다.

인간관계가 잘 풀리지 않거나, 하기 싫은 일을 해야 하거나, 부당하게 비난 받기도 합니다. 현실에는 우리의 멘탈을 흔드는 것들이 너무 많습니다.

그런 상황에서 마음이 행복하거나 원하는 결과를 내기는 힘든 일입니다.

곰곰이 생각해보면 주어진 카드로 승부하는 것 말고도 방법은 얼마든지 있습니다.

어떤 카드를 받았든 간에 자신에게 불리해서 대결하기가 벅차다면 카드를 교환하거나 게임을 한 회 쉬어도 되고, 다른 게임을 제안해도 됩니다.

일단 제안해보면 예상외로 모두 수긍할지 모릅니다.

애초에 힘들 것이 뻔한 환경에서
억지로 노력하지 않아도 괜찮습니다.

반드시 지금 있는 곳에서 꽃을 피울 필요는 없습니다. 여러분이 꽃을 피우기 쉬운 장소를 선택해도 됩니다. 여러분은 그런 선택지를 가지고 있습니다.

바꿀 수 있는 것은 바꾸면 됩니다.

어렵고 벅찬 환경을 마주하는 것이 정답도 아니고, 피한다고 해서 비겁한 것도 아닙니다.

지금 다니고 있는 회사에서 일하기가 힘들다면 다른 회사로 옮기면 됩니다. 다만 그런 경우, 멘탈은 회복되겠지만 회복력이 높아지지는 않습니다.

약한 멘탈을
인간적인 매력으로
극복

회복력을 키우기 위해서는 지금 자신이 처한 환경에서 스스로 할 수 있는 것들을 바꿔봅니다.

'환경'이라는 말을 듣고 뭔가 대단한 이미지를 떠올릴지도 모르겠네요. 하지만 여기에서 말하는 환경은 어디까지나 자신이 있는 곳에서 반경 1미터 범위입니다.

반경 1미터의 환경을 정돈하고 가다듬으면 멘탈이 붕괴되는 횟수가 줄어들 것입니다. 설령 멘탈이 흔들린다고 해도 스스로 회복할 수 있습니다.

이 책에서는 반경 1미터 이내의 환경을 정돈하는 여러 가지 방법을 소개합니다. 그 전에 대전제로 기억해두어야 할 점은 약한 멘탈이 꼭 안 좋은 것만은 아니라는 사실입니다.

멘탈이 약한 것은 큰 문제가 되지 않습니다. 오히려 매력적으로 작용할 수 있습니다.

모든 것이 완벽한 사람은 왠지 모르게 다가가거나 관계를 맺기 힘들다고 생각한 적은 없나요? 반대로 완벽하다고 생각했던 사람이 약간의 빈틈을 보이거나 실수하면 오히려 인간적인 매력이 느껴져서 편하고 즐겁게 이야기를 나눈 적은 없나요?

> 자신이 '할 수 없다'는 것을 감추다가
> 다른 사람에게 지적당하면 약점이지만,
> 스스로 먼저 드러내면 매력이 됩니다.

다른 사람에게 지나치게 민폐를 끼친다면 개선해야겠지만, 그럴 때는 열심히 노력하면 됩니다. 불가능한 것에도 최선을 다하는 당신의 모습을 보고 도와주려고 할 테니까요.

멘탈이 약한 것을 감추지 말고 오히려 드러내면 인간관계가 편안해지고 과도한 압박감에서 해방될 수 있습니다. 스스로에 대한 평가와 다른 사람의 평가도 올라갈 것입니다.

멘탈이 약하면 약한 대로, 즐겁게 살아갈 수 있습니다.

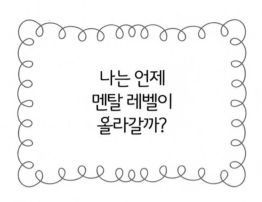

나는 언제
멘탈 레벨이
올라갈까?

무너진 멘탈을 회복하기 위해서는 반경 1미터 이내의 환경을 정돈하는 것이 중요하다고 이야기했습니다.

자신의 기분을 살필 수 있는 사람은, 설령 정글처럼 험난한 환경에 놓여 있더라도, 자신이 서 있는 곳에서 반경 1미터 이내를 마음 편한 환경으로 만듭니다.

그런 환경을 조성하려면 자신이 언제 즐겁고 누구와 대화할 때 소리 내어 웃는지, 또 주위의 목소리가 들리지 않을 정도로 몰입하게 되는 것은 무엇인지를 파악해야 합니다.

자신이 '행복하다' 혹은 '즐겁다'라는 감정을
언제 느끼는지 알아야 합니다.

멘탈이 약한 사람은 자신의 감정에 둔감한 경우가 많습니다. 또 자신의 진정한 감정에 뚜껑을 덮고 있는 사람도 있습니다.

우선 최근에 가장 기분이 좋았을 때는 언제였는지, 그것을 찾는 것부터 시작해봅니다.

일단 '이건 재미있을까?'라든가, 어떤 행동을 하면서 '기분이 좋은데' 하고 조금씩 감정의 안테나를 세워봅니다.

기분이 좋아지거나 마음이 맑아지고 즐겁다는 감정을 느꼈다면, 다른 사람의 공감을 얻지 못해도 괜찮습니다. 자신이 즐겁다고 느꼈던, 정말 사소한 것이라도 좋습니다.

예를 들어 이런 상황들도 있습니다.

'날씨가 맑으니 기분이 좋다.'

'가장 좋아하는 동영상을 보고 있으면 시간이 눈 깜짝할 사이에 지나간다.'

'드라마를 보면서 친구들과 이런저런 대화를 나누는 시간이 즐겁다.'

'미용실에서 머리를 했더니 기분이 좋아졌다.'

'마음에 드는 반찬 가게를 발견했다.'

'고기를 먹었더니 기운이 난다.'

'밤에 산책하는데 기분 좋은 바람이 불어왔다.'

'요리하는 동안은 아무 생각도 나지 않는다.'

이러한 목록을 평소에 차곡차곡 쌓아둡니다. 그리고 그중에 자신이 쉽게 재현할 수 있는 것을 체크합니다. '날씨가 맑으니 기분이 좋다'는 것 말고는 모두 언제든 재현할 수 있습니다.

물론 기분이 울적한 날에 날씨가 화창하다면, 밖으로 나가 기분 전환을 해보는 건 어떨까요?

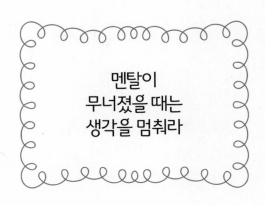

멘탈이
무너졌을 때는
생각을 멈춰라

자신의 기분을 스스로 살필 수 있게 되면 갑자기 멘탈이 강해져서 언제라도 우울하지 않을 수 있다고 착각하는 사람이 있습니다.

안타깝지만 그것은 불가능한 이야기입니다.

우리의 멘탈은 혼자 있든 주변에 누가 있든 무너질 일이 생기면 무너지고 맙니다.

회사에서 부당하게 질책을 받았거나 상사와 의견 대립이 있을 때, 아니면 부하직원을 관리하기가 쉽지 않거나 인간관계에 지칠 때, 또는 딱히 특별한 이유는 없지만 혼자 있으면 왠지 외로움이 몰려올 때……

이처럼 현실에서는 우리를 우울하게 만드는 일들이 매일 넘쳐납니다.

'멘탈 붕괴'는 피할 수 없다는 것을
대전제로 두고 생각해야 합니다.

정신과 전문의인 저도 우울해질 때가 있습니다.

'멘탈이 강한 사람'은 우울하거나 짜증 나고, 불안하거나 질투가 나는 등 멘탈이 흔들릴 때, 자신이 좋아하는 자기 모습으로 최대한 빨리 돌아갈 수 있습니다.

우울한 상태가 길어지면 그런 자신이 점점 싫어지거나 성과가 떨어지기 쉽습니다.

무미건조한 상태보다 조금 더 기분 좋은 감정을 스스로 만들수 있다면, 직장이나 일상생활에서도 잘해낼 수 있습니다. 정신과 전문의로서 추천하는 방법은 '뇌를 쉬게 해주는 것'입니다.

'뇌를 쉬게 한다'는 것은 '어떤 생각을 하지 않는 상태'를 의미합니다.

대표적으로 '수면'이 있습니다. 수면이 부족하면 몸과 마음이 모두 부조화로 이어집니다. 그만큼 수면은 매우 중요합니다.

잠을 자고 나면 몸과 마음이 회복되는 경우도 종종 있습니다.

다만 쉽게 잠들지 못한다는 사람도 있을 것입니다. 심지어 억지로 잠을 자려고 해도, 기분이 우울할 때는 이런저런 생각이 머릿속을 떠나지 않습니다.

문제는 자고 싶은데 잠이 오지 않는 것입니다. 이런 사람은 머리를 쓰지 않고 할 수 있는 다른 일들을 준비해봅니다.

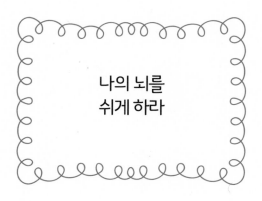

나의 뇌를
쉬게 하라

기분이 울적할 때 누군가에게 자신의 이야기를 털어놓고 싶은 사람들이 많을 것입니다. 저 또한 종종 친구들에게 연락하곤 합니다. 친한 사람에게 거리낌 없이 속내를 털어놓는 것도 방법입니다.

하지만 다른 사람과 의사소통할 때 긴장을 많이 하는 사람들은 아무나 붙잡고 이야기하면 오히려 역효과를 불러일으키기도 합니다.

게다가 친한 친구라고 해서 항상 이야기를 들어준다는 보장도 없습니다. 친구도 자기만의 사정이 있을 테니까요. 사회생활을 하다 보면 친구와 일정을 맞추기 어려울 때도 많습니다.

멘탈이 흔들리고 약해졌을 때 믿고 의지했던 친구에게도 자신의 이야기를 털어놓지 못한다면 기분이 더욱 우울할 것입니다.

우울한 사람의 기억은 부정적인 것들로 가득합니다. 생각하면 할수록 자꾸 부정적인 생각만 떠올라 거기에서 빠져나오기가 쉽지 않습니다.

일단 '불필요한 생각을 하지 않아도 되는 상태'로 만드는 것이 중요합니다. 그러기 위해서는 머리를 비울 수 있는 '물건들'을 준비합니다.

멘탈이 건강한 상태일 때 좋다고 느낀 것이어야 합니다. 우울감에 빠져 있을 때는 애초에 기력도 없고, 가까스로 발견했다고 하더라도 올바르게 판단했다고 할 수 없습니다.

'정신이 건강할 때' 발견하는 것이
무엇보다 중요합니다.

그 '물건'을 보거나 듣거나 읽고 있는 동안에는 '쓸데없는 생각이 떠오르지 않는다'든가, '왠지 모르게 말랑말랑한 기분이 되었다'라는 순간을 찾아봅니다.

저의 경우에는 '만화책'을 읽는 것입니다. 하지만 어떤 만화책이든 좋다는 것은 아닙니다. 내용이 어려운 만화책을 읽으면 오히려 머릿속이 더 피곤해지거나 생각을 많이 하게 됩니다.

그래서 제가 선택한 것은 《원펀맨(ONE-PUNCH-MAN)》(ONE 글, 무라타 유스케 그림)입니다. 이 책을 읽고 있을 때는 딱히 머리를 쓰지 않아도 됩니다. 재미있는 만화책을 읽을 때는 완전히 뇌의 스위치를 꺼버릴 수 있습니다.

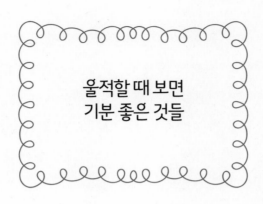

**울적할 때 보면
기분 좋은 것들**

마음이 건강할 때 자신의 감정을 살필 수 있는 '물건'을 준비해서, 반경 1미터 이내의 공간을 그것들로 둡니다.

그것을 생각하면 기분이 좋아질 정도로 자신에게 힘을 주는 물건을 최대한 많이 준비합니다. 사물이나 사람, 풍경, 음악도 좋습니다.

저는 축구도 무척 좋아합니다. 특히 영국 프리미어리그(EPL) 맨체스터 시티 FC의 팬입니다. 그래서 아이폰이나 아이패드 케이스, 수첩, 페디큐어의 색까지 맨체스터 시티의 상징인 하늘색으로 통일했습니다. 아이폰 케이스에는 좋아하는 선수의 등번호도 넣었습니다.

마음속 작은 응어리가 생기려고 할 때 눈에 들어오는 곳에 하늘색이 있으면, 자연스럽게 좋아하는 축구 클럽이 떠올라 기분이 좋아지므로 멘탈의 궤도를 수정할 수 있습니다.

그리고 이왕 입는 김에 제 기분에 맞는 옷으로 코디합니다. 최근에는 새로 일하게 된 일본 J2리그의 축구 클럽 도쿄 베르디의 상징인 초록색 옷이 많아졌습니다.

이외에도 저는 힘이 되는 동영상을 항상 스마트폰에 저장해 둡니다. 친구와 여행 갔을 때 찍은 동영상도 있고, 미니돼지를 너무 좋아해 인스타그램에서 마음에 드는 미니돼지 계정을 팔로우하고 있습니다.

동영상을 직접 찍지 않더라도 SNS에서 얼마든지 검색할 수 있으므로, 자신이 좋아하는 풍경이나 연예인, 동물 등 '생각하면 기분이 좋아지는 것'을 많이 찾아서 저장해둡니다.

마음이 울적할 때 보면 금세 기분이 좋아지는 물건이 바로 눈에 들어오도록 환경을 조성하는 것입니다.

내가 가장 좋아하는 것들의 위력은 대단합니다. 실제로 이런 것들을 곁에 두면 즐거움과 행복은 증가하고 불안감이나 스트레스를 해소하는 데 도움된다는 연구 결과가 있습니다.

마음이 지쳤을 때는
다른 누군가 혹은 자기의 멘탈에 의지하지 말고,
가장 좋아하는 것들에서 얻은 긍정적인 감정을
기억 속에 가득 채워봅니다.

  그러면 바로 이어서, 여러분의 마음이 건강할 때 다음 페이
지의 '멘탈 관리 연습'을 채워보고, '자신이 좋아하는 것'을 스스
로 찾아봅니다.

멘탈 관리 연습 1

내가 좋아하는 것들 찾기

좋아하는 책은?
(만화책도 가능)

좋아하는 동물은?

좋아하는 색은?

좋아하는 숫자는?

좋아하는 유행어는?

왠지 인생이
꼬일 것 같은
기분이 들 때

거듭 말하지만 멘탈 자체를 강화할 필요는 없습니다. 멘탈을 안정시키고 싶다면 멘탈이 무너졌을 때 얼마나 빠르게 '일반 모드'로 회복할 수 있는가에 집중해야 합니다. 그리고 이왕이면 '기분 좋은 모드'가 되는 것이 중요합니다.

저는 멘탈을 전환하는 데 꽤 자신 있습니다. 물론 처음부터 잘했던 것은 아닙니다. 예전에는 사소한 일에도 끙끙 앓거나 막연한 불안감에 사로잡혀 있었습니다. 하지만 그 상태에서 벗어나기 위해 생각하는 방법을 바꾸었습니다.

지금은 꾸준히 연습한 덕분에 울적해지긴 하더라도 놀라운 회복력으로 금세 일반적인 감정 상태로 돌아옵니다.

멘탈 전환에 능숙해지는 방법은 정말 간단합니다.
기분이 좋은 상태의 가치를 알아두는 것입니다.

멘탈의 상태는 업무나 인간관계에 큰 영향을 미칩니다. 언제나 기분이 좋은 사람의 주변에는 똑같이 기분 좋은 사람들이 모여 있습니다.

반대로 무리 안에 기분 나쁜 사람이 한 명이라도 있다고 생각해봅시다. 주위 사람들이 괜히 눈치 보고 신경 쓰게 되니 분위기도 좋지 않고, 그 사람의 부정적인 감정이 전염됩니다.

정신이 건강하면 일도 잘 풀리고 인간관계도 원만해지지만, 멘탈이 무너졌을 때는 무엇을 해도 잘 풀리지 않는 악순환에 빠지기 쉽습니다.

당연한 말이지만 기분이 좋지 않은 상태로 계속 지내는 것은 너무나 안타까운 일입니다. 그런 상태에 피로감을 느껴서 벗어나고 싶어도 그러지 못해 불안과 불만, 분노에 사로잡히는 사람은 그런 감정을 통해 어떤 이득을 보고 있을 때가 많습니다.

하소연을 하면 공감해주는 친구가 있고, 분노나 불만을 드러내면 항상 마음을 써주는 주변 사람들이 있습니다. 그런 식으로 자신도 모르게 불쾌한 감정으로 얻을 수 있는 이점에 매몰

되어 있는 것입니다.

하지만 나름대로 이득이 있더라도 역시 불쾌한 감정은 나를 지치게 만듭니다. 게다가 단기적으로는 이점이 있더라도, 항상 기분이 언짢은 사람은 주변 사람들에게 약간 성가신 존재가 됩니다.

'인생 간단 모드'의
스위치를 켜라

불쾌한 감정을 오래 가지고 있는 것은 어떤 이점도 없습니다. 오히려 자신에게 해가 될 뿐입니다. 진심으로 그런 감정에서 벗어나고 싶다면 사전에 목표를 설정합니다.

'기분 좋은 모드'의 내 모습을 떠올릴 수 없으면, 목표가 보이지 않아 '멘탈 미아'가 되어 불쾌한 감정에서 빠져나오기 쉽지 않습니다. 언제나 같은 상황에서 끙끙 앓고, 우물쭈물 머뭇거리며, 부글부글 끓어오르기 쉽습니다.

여기에서 말하는 '목표'는, 기분이 좋으면 어떤 좋은 일이 생기는지 자신에게 알려주는 것입니다.

부정적인 감정일 때보다 이점이 크다는 사실을 스스로 깨달는 것입니다.

예를 들어 저는 기분이 좋으면 이런 감정을 느낍니다.

- 환자의 이야기를 꼼꼼히 들을 수 있다.(업무에서 중요하다)
- 다양한 사람들이 도와준다.(기쁘다)
- 서로 의견을 말하기 쉽다.(중요하다)
- 의욕이 샘솟는다.(의욕은 언제든지 필요하다)
- 감사하는 마음이 커진다.(고마움을 느끼는 내가 좋다)
- 밥이 맛있다.(중요하다)
- 표정이 풍부하고 예뻐진다.(애교는 중요하다)
- 이마나 미간의 주름이 늘어나지 않는다.(매우 중요하다)

미소를 지으며 지금 말한 사례를 반복적으로 생각하다 보면, 마음속의 내가 '맞아! 지금의 불쾌하고 기분 나쁜 상태를 끝내야겠어'라고 신호를 보냅니다.

이제 남은 것은 고집 부리지 않고 그 신호를 따르는 것뿐입니다.

기분 좋은 상태의 가치를 찾기 어려운 사람은, 기분이 안 좋을 때 일어났던 일들을 생각해봅니다.

저는 기분이 안 좋을 때 이런 것을 느낍니다.

- 나 자신이 싫어진다.(왠지 모르게 모든 일이 잘 풀리지 않는 것 같다)
- 일이 전혀 진행되지 않는다.(곤란하다)
- 집중력이 떨어진다.(이것 또한 곤란하다)
- 폭식하게 된다.(위험하다)
- 만취해서 주변에 민폐를 끼친다.(깊이 반성한다, 기억을 지우고 싶다)

이런 상태라면 왠지 인생이 꼬일 것 같은 느낌이 들지 않나요? 주변 사람들도, 운도 모두 달아나버릴 것 같습니다.

기분 좋은 상태일 때 확실하게
'인생 간단 모드'의 스위치를 켤 수 있습니다.

자신도 모르게 의도했던 것과 달리 '불쾌 모드'를 오랫동안 질질 끄는 사람은 지금 처해 있는 상황이 효능 제로, 아니 오히려 효능 마이너스라는 사실을 깨달아야 합니다.

멘탈 관리 연습 2

❖

나는 언제 기분이 좋은가?

1

2

3

4

5

6

7

8

9

10

기분 좋을 때의 이점 10개를 모두
채우고, 나아가 15개, 20개 이상 쓸 수
있다면 '기분 좋은 나는 최고야'라고
말할 수 있습니다.

불쾌한 상태의 시간을 줄이고, 기분 좋은 상태의 시간을 늘려야 합니다.

기분이 좋아지면 다른 사람과의 마찰이 줄어들고, 일이 순조롭게 흘러갑니다. 폭식하지 않으므로 건강하고 아름다운 몸을 가꾸는 데도 좋습니다.

자신의 기분을 스스로 헤아리기 위해서는 언어로 표현하는 것이 중요합니다. 실제로 당신이 '기분 좋은 상태'가 되었다면 어떤 이점이 있는지 적어봅니다.

일단 10개부터 적어보고, 모두 채웠다면 15개, 그다음에는 20개 이상 적어봅니다.

짜증을 내는 아까운 시간을 조금이라도 줄이기 위해 하루빨리 멘탈 전환에 익숙해져야 합니다.

멘탈 전환에
능숙한 사람들

감정을 언어로 표현할 줄 아는 사람은 감정을 조절하는 것도
잘합니다. 이것이야말로 멘탈 전환에 능숙한 사람들의 공통점
입니다.

어딘가 석연치 못한 마음이나 불안감, 짜증과 같은 부정적인
감정은 '왠지 모르게' 생겨날 때가 상당히 많습니다.

이유를 모르는 상태에서는 자신의 감정을 스스로 정리하기
가 힘들죠. 다른 사람에게도 어떤 기분인지 구체적으로 표현할
수 없어서 상대도 어떻게 하면 좋을지 잘 모릅니다.

자신도 파악할 수 없는 마음속 응어리의
해상도를 높이려면 '말'로 표현해야 합니다.

주변에 '감정 표현이 매우 풍부하다'라고 생각되는 사람들이 있을 것입니다. 그 사람을 생각하면 슬퍼하거나 화내는 모습보다 웃고 있는 얼굴이 먼저 떠오르지 않나요?

화가 나더라도, 그 뒤에 바로 웃을 줄 아는 사람이 있습니다.

감정을 즉시 전환할 수 있는 사람은 부정적인 감정이나 긍정적인 감정을 스스로 깨닫고 표현할 수 있기 때문에 잘 소화하는 것입니다.

감정을 소화하려면, 우선 다양한 감정을 표현할 줄 알아야 합니다.

그럼 이제부터 감정을 표현하는 연습을 해볼까요?

우선 감정을 표현하는 단어 50가지를 생각해봅니다. 50가지는 너무 많다는 생각이 들 것입니다. 당장 10가지 정도밖에 생각나지 않을 테니까요. 하지만 실제로 우리의 감정은 50가지보다 훨씬 더 많습니다.

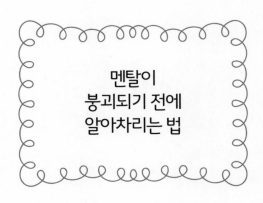

자기 몸을 지키려면 우선 자신의 감정에 민감해져야 합니다. 그리고 감정에 민감해지려면 '말의 목록'이 필요합니다.

화가가 섬세하게 색을 조합하여 그림을 그릴 수 있는 이유는, 그 누구보다 색의 종류를 많이 알고 있기 때문입니다.

감정을 깨닫기 위해서는 다양한 종류의 감정을 이해하고, 그것이 어떤 기분인지 말로 표현해야 합니다.

말로 표현할 수 없으면 막연한 불안감만 커집니다. 어떤 부분이 싫은지 정확하게 파악하지 못한 채 '이유 없이 싫다'는 감정만 느끼는 것이죠.

특히 요즘에는 무엇이든 '대박'이라는 한 단어로 정리해버리는 사람들이 많습니다.

- '맛있어도' 대박
- '즐거워도' 대박
- '최악'이어도 대박
- '초조해도' 대박

　자신의 모든 감정을 '대박'이라는 한 단어로 표현합니다. 자신도 모르는 사이에 감정을 표현하는 말의 목록이 줄어들었다는 것을 자각하지 못합니다.

　　　　　감정을 표현하는 단어는
　　　다른 사람에게 전달할 때도 중요하지만
　　　　자신을 이해하는 데도 필요합니다.

　자신의 감정을 스스로 파악하려면 우선 그것이 어떤 감정인지 '말'로 표현할 수 있어야 합니다.
　평소에 부정적이고 싫은 감정을 그저 '슬프다', '괴롭다', '화가 난다', '대박'이라는 4가지 단어로 표현하는 사람도 많습니다.

감정을 표현하는 단어를 50가지나 말하기는 너무 어렵다고 생각하는 사람은 기쁨, 신뢰, 공포, 놀라움, 슬픔, 혐오, 분노, 기대 등의 감정부터 시작해서 계속 가지를 뻗어나갑니다.

예를 들어 기쁨이라는 감정을 두근두근, 콩닥콩닥, 행복, 엄마 미소, 설렘, 느긋함과 같은 단어로 확장해나가는 것입니다.

이처럼 하나의 단어를 확장해나가다 보면, 50가지 이상의 감정을 표현할 수 있습니다.

말로
표현할 수 없는
감정을 말하기

'기분이 나빠지면 분노를 참을 수 없어서 다른 사람과 마찰을 일으키거나 안 좋은 상황을 불러일으킨다'는 사람도, 근본적인 원인은 말로 잘 표현하지 못하는 데에 있습니다.

이렇게 되면 인간관계가 나빠지고 상대와 갈등을 빚는 자신이 싫어지는 악순환에 빠지게 됩니다.

여기에서 2가지를 기억해야 합니다. '상황을 안 좋게 만드는 자신을 바꾸고 싶다고 생각하는 것', 그리고 '냉정해졌을 때 상대에게 말로 표현할 수 있다고 자신감을 가지는 것'입니다.

감정 기복이 심한 사람은 대부분 말로 표현하는 것이 서툽니다.

분노를 조절하는 방법 중 하나는
분노가 사그라들 때까지
딱 6초만 기다리는 것입니다.

　사실 6초를 기다릴 수 있다면 굉장히 냉정한 사람이라는 생각이 듭니다.

　그러므로 짜증 나는 감정 자체에 초점을 맞추지 말고, 기분 나쁜 상황 자체를 줄여나가야 합니다. 다시 말해 환경을 바꾸는 것입니다. 그리고 그것을 깨달은 후에는, 자신이 짜증을 내고, 슬퍼지고, 불만을 가지는 이유가 무엇인지 행동 패턴을 생각해봅니다.

　자신이 어디에 있고, 무엇을 하고 있으며, 누구와 함께 있을 때 기분이 나빠지는지, 다양한 각도에서 돌이켜봅니다. 기분이 나빠지는 패턴을 알았다면, 그런 환경에 처하지 않도록 미리 피하면 됩니다.

　감정은 행동에서 생겨납니다. 그러니 처음부터 행동을 바꿔보는 것입니다.

내 감정에 '이름' 붙이기

'슬픔'

'혐오'

'분노'

'기대'

'기쁨'

'신뢰'

'공포'

'놀라움'

이유 없이 '불안'하고, 왠지 모르게 '짜증 나는' 상태를 제거하는 것이 목적입니다. 스스로 자신의 감정을 파악해봅니다.

"다른 사람들 신경 쓰느라 자주 지치는
나 자신이 싫어요. 나는 왜 이럴까요?"

PART
02

멘탈이
약한 게 아니라
단지 섬세할 뿐

지친 날에
써보는 한 줄

일기라고 하면 우선 귀찮고 매일 쓰기도 쉽지 않다는 생각이 들 것입니다. 하지만 자신의 감정을 이해하는 데 가장 효과적인 것이 바로 일기입니다.

현대사회를 사는 사람들은 대부분 자신의 마음 상태를 파악하는 데 매우 서툽니다. 더구나 애초에 '내 마음 상태를 파악할 필요가 있나?'라고 생각하는 사람들도 많습니다.

하지만 자신의 멘탈을 관리하기 위해서라도, 자신의 감정을 알고, 그것이 어떤 상태인지 말로 표현하는 것이 매우 중요합니다.

눈치 빠르게 행동해야 한다는 생각에 우리는 무의식중에 자신의 감정을 소홀히 여기기 쉽습니다. 자신보다 상대의 기분을 우선 살피는 것은 결코 나쁜 태도가 아닙니다. 오히려 상대를 배려하는 행동입니다.

하지만 상대의 감정을 살피는 것이 습관이 되면 자신의 감정을 다른 사람의 생각에 맞추게 됩니다. 자신의 기분이 다른 사람과 다르더라도, 본인의 감정을 억누르고 상대에게 맞출 때가 많습니다.

습관적으로 상대의 눈치를 보고 있으면, 자신을 소중히 여기지 못해 자기긍정감이 떨어질 뿐만 아니라, 처음에 느꼈던 자신의 감정도 파악하기 어려워집니다.

현대사회를 살아가는 사람들이 자신의 마음 상태를 파악하는 데 서툰 이유는, 이렇게 주변의 눈치를 봐야 하는 문화의 영향이 큽니다.

'나는 지금 어떤 기분을 느끼고 있을까?'
'왜 나는 그런 감정이 드는 것일까?'

자신의 마음을 살피는 습관을 들이지 않으면 점점 다른 사람의 상황이나 감정을 신경 쓰게 됩니다. 눈치만 보다 피곤해지는 것이지요.

눈치 빠르게 분위기를 파악하는 것이 반드시 나쁘다는 이야기가 아닙니다. 현실적으로 아예 눈치를 보지 않고 살아가는 것이 더 어렵습니다.

다만 지나치게 눈치를 보고 주변 분위기만 신경 쓰다 보면 기쁘거나 즐겁다는 자신의 진정한 감정을 외면하게 됩니다. 자기의 감정을 무시하는 것은 안정적인 멘탈을 유지하는 데 결코 도움되지 않습니다.

우선 자기의 감정 상태에 귀 기울이는 것이 자신을 되찾기 위한 첫걸음입니다.

귀찮아도,
특별한 것 없어도
괜찮다

일단 자신이 어떤 감정을 갖고 있는지를 알아야 합니다. 저는 벌써 몇 년째 꾸준히 일기를 쓰고 있습니다. 환자들에게도 종종 일기를 권하는데, 많은 사람들이 '일기를 써보려고 시도한 적은 있지만, 귀찮아서 그만두었다'고 말합니다. 그리고 '매일 똑같은 일상이 반복되기에 특별히 쓸 만한 내용이 없다'고 말하는 사람들도 많습니다.

일기를 쓰는 것은 정말 귀찮은 일입니다. 특별할 것 없이 바쁘게 돌아가는 일상에서 꾸준히 일기를 쓸 시간을 내기도 힘들죠.

하지만 많은 사람들을 상담해본 결과 자신의 감정을 이해하는 데 '일기'가 가장 좋은 방법입니다.

항상 주변 사람들을 신경 쓰면서 눈치만 보는 사람일수록, 강제적으로라도 자신에게 시선을 돌리는 시간이 필요합니다. 그것이 바로 '일기'를 쓰는 시간입니다.

가장 가볍게 시작할 수 있고,
자신의 기분을 언어로 표현하는 데도 효과적인 방법이
바로 '일기'입니다.

일기 쓰기가 귀찮다고 생각하는 사람은 아마도 제대로 형식을 갖춰서 써야 한다고 여기기 때문입니다. 하루를 확실하게 마무리하려면 그날 있었던 일들을 돌이켜보면서 글로 적어야 한다는 등 일기의 기준이 높은 것입니다.

하지만 일기는 누군가에게 보여주는 것이 아니므로 반드시 형식에 맞추지 않고 적당히 써도 괜찮습니다.

그리고 일기를 그날 밤에 쓸 필요도 없습니다. 다음 날 출근하는 지하철이나 버스 안에서, 또는 점심시간에 전날의 일을 되돌아보면서 써도 됩니다. 화장실에서 볼일을 보는 동안 스마트폰에 잠깐 써도 됩니다. 시간과 장소에 구애받지 않고 아무 때나 아무 곳에서나 일기를 써도 괜찮습니다.

일기의 분량도 크게 신경 쓸 필요 없습니다. 처음에는 딱 한 줄부터 시작해봅니다. 일기도 습관이므로, 계속하다 보면 자연스럽게 쓸 수 있게 됩니다.

다만 중요한 것은 일기의 내용입니다. 무슨 이야기를 써야 할지 모르겠다고 말하는 사람은, 대부분 자신에게 일어난 일을 쓰려고 하는 경우가 많습니다. 하지만 그것은 일기가 아니라 일정을 기록하는 것일 뿐입니다.

일기와 일정을 기록하는 일은 엄연히 다릅니다.

일어난 일에 초점을 맞추는 것이 아니라
일어난 일에 대한 자기의 생각을 적는 것입니다.

그날 있었던 일에서 어떤 감정을 느꼈는지 기록해보면 '나는 이럴 때 즐겁다고 생각하는구나' 혹은 '이 사람과 있을 때 기분이 좋았구나'라고 자신이 미처 몰랐던 것들을 깨달을 수 있습니다.

나를
힘들게 하는 것들의
정체 파악하기

우리는 매일 긍정적인 감정만 느낄 수는 없습니다. 당연히 부정적인 감정도 느낍니다. 일기에 좋지 않은 내용만 가득 담으면, 그저 감정의 쓰레기통이 되어버리기 쉬우므로 주의해야 합니다.

일기에 부정적인 감정을 쓸 때는 싫었다는 표현으로 끝내지 말고, '어떻게 해서 부정적인 감정을 느끼게 되었을까?' 혹은 '앞으로 어떻게 해야 그런 부정적인 감정을 줄일 수 있을까?' 등을 생각해봅니다.

'점심시간에 A씨가 업무적인 하소연만 잔뜩 늘어놔서 너무 피곤했다. 점심시간인데 기분 전환은 고사하고 밥도 제대로 먹

지 못했다.'

이렇게 일기를 썼다면 자신이 언제, 누구와 있을 때 피로감을 느꼈는지 알 수 있습니다. 이런 일기는 그야말로 100점 만점에 100점입니다.

조금 더 덧붙여서 이렇게 써봅니다.

'점심시간에 A씨가 업무적인 하소연만 잔뜩 늘어놔서 너무 피곤했다. 점심시간인데 기분 전환은 고사하고 밥도 제대로 먹지 못했다. 내일 A씨가 또 같이 밥 먹자고 하면 다른 일이 있다고 거절해야지. 아니면 밥은 같이 먹더라도 그 사람이 다시 불평 불만을 늘어놓으려고 하면 이야기 주제를 바꿔보자.'

다음에 어떻게 해야 부정적인 감정을 피할 수 있는지 고민해서 쓴다면 200점입니다.

여유가 있다면 부정적인 감정과 마주한 날에는
긍정적인 감정을 느낀 일도 함께 찾아봅니다.

긍정적인 감정이라고 해서 대단하지 않아도 괜찮습니다.

'오늘은 날씨가 화창해서 기분이 좋았다.'

'눈썹을 예쁘게 그렸다.'

'좋아하는 동영상을 보는 동안 행복했다.'

일기에 이런 기분을 덧붙일 수 있다면 1,000점입니다. 매일 똑같은 일상이 반복되니 일기에 쓸 만한 내용이 없다고 말하는 사람은 각별한 주의가 필요합니다.

매일 똑같이 아침에 일어나 회사에 가서 일하고 퇴근하는 것이 전부라 하더라도 일하면서 만나는 사람이 다르고, 날씨가 다르고, 입는 옷이 다르고, 텔레비전 프로그램이 다릅니다. 일상을 깊이 파고들면 내용이 조금씩 달라집니다.

항상 같은 일을 하더라도 자기 몸과 마음의 상태가 항상 똑같지는 않을 것입니다.

일기를 추천하는 이유는, 강제로라도 자신의 감정을 마주하고 자신을 깊이 파고드는 시간을 가질 수 있기 때문입니다. 항상 주변을 신경 쓰고 눈치 보는 사람들은 자신의 감정을 소중히 생각하는 시간이 필요합니다.

일기를 쓰면서 자신의 사소한 감정과 기분, 몸 상태의 변화를 깨달을 수 있습니다.

기분이
안 좋을 때는
일을 줄여라

아침에 일어났을 때 왠지 모르게 컨디션이 좋다거나, 반대로 머리가 무겁다고 느낀 적이 있을 것입니다.

수면 부족, 날씨, 기압, 전날 먹은 음식, 많은 업무량, 그리고 일상적인 일들…….누구나 항상 컨디션이 100%일 수는 없습니다. 오히려 컨디션이 안 좋을 때가 더 많습니다.

일상을 바쁘게 살아가다 보면 자신의 컨디션은 생각하지 않고 무의식적으로 하루의 루틴을 해나갑니다. 그래도 의식적으로 자신의 컨디션을 살피기 바랍니다.

저는 오른쪽 귀에 이관개방증, 왼쪽 귀에 메니에르병을 가지고 있어서 저기압일 때 상당히 치명적입니다. 장마철에는 아무래도 이명이나 먹먹한 증상이 빈번하게 나타나죠. 그런 상태로 무리해서 일하면 소리가 들리지 않거나 쉽게 현기증을 느낍니다.

그래서 그런 몸 상태일 때는 특히 주의를 기울이며 평소 에너지의 60% 정도만 쓰려고 합니다. 그렇다고 해서 진료나 상담을 쉬지는 않습니다. 다만 서류나 자료 작성, 집 청소, 공부 등 다음 날 해도 되는 일들은 잠시 미뤄둡니다.

'지나치게 열심히 하는 것'을 잠시 멈추는 것입니다. 그래서 저는 매일매일 내 몸이 어떤 상태인지를 살핍니다.

주변 사람들이 내 몸 상태를 살펴주는 것도 아닙니다. 더구나 남들 눈에 몸 상태가 안 좋아 보인다면 이미 상황이 많이 악화된 것입니다. 그 정도 되면 몸 상태를 정상으로 되돌리는 데도 꽤 많은 시간이 필요합니다.

자신의 몸 상태를 스스로 파악하고,
그 상태에서 최선을 다해야 합니다.

몸 상태가 좋지 않을 때는 '오늘은 최소한이어도 괜찮으니 이것만 확실히 하자'라고 기준을 낮춘 다음 그것을 완수했다면 스스로를 칭찬해줍니다.

몸 상태가 좋지 않아서 제대로 할 수 없었는데도, '왜 나는 이것도 못 할까……. 더 열심히 해야지'라며 자신을 궁지에 몰아넣어서는 안 됩니다. 그러면 다음 날까지 영향을 미쳐서 악순환에 빠질 것입니다.

자신의 몸 상태에 맞춰서 일한다면 자기부정에 빠지는 무의미한 행동을 할 가능성도 줄어듭니다.

꾸준히 일기를 써서 감정을 말로 표현하는 연습을 하면 자신의 정신과 몸 상태를 제대로 파악하고 그에 맞춰서 무리하지 않게 일해나갈 수 있습니다.

100명이 모두
나를 좋아할 수는
없다

'다른 사람의 시선을 지나치게 신경 쓰느라 너무 피곤합니다. 주위 사람들의 눈치만 보는 나 자신이 나약하게 느껴져서 싫습니다.'

이렇게 말하는 사람들이 꽤 많습니다.

정말 많은 사람들이 다른 사람에게 자신이 어떻게 보이는지 신경 쓰면서 살아갑니다. 그리고 그런 자신의 멘탈이 약하다고 못마땅해합니다.

다른 사람에게 미움받고 싶은 사람은 없습니다. 모든 사람들이 자신을 좋아해주었으면 하고, 자신을 좋은 사람이라고 생각하기를 바랍니다.

하지만 모든 사람들이 나를 좋아할 수는 없습니다. 애초에 나를 좋아하든 싫어하든, 그것은 상대의 감정입니다. 좋은 사람으로 보이려고 열심히 노력해도, 결정은 상대의 몫입니다. 내가 어떻게 할 수 있는 영역이 아니라는 뜻입니다.

예전에는 저도 다른 사람이 나를 좋아해주기를 바라는 마음에 항상 상대의 기분을 살폈습니다. 말하자면 저자세를 취한 것이지요.

그저 다른 사람에게 좋은 인상을 주고 싶어서 그렇게 행동했을 뿐인데, 어째서인지 일부 사람들은 오히려 그런 내 모습을 싫어한다는 것을 깨달았습니다.

그 이유를 생각하며 고민에 빠져 있던 어느 날, 한 사람이 계속 제 기분을 살피면서 이것저것 물어보자 저는 엄청나게 짜증을 내고 말았습니다.

저는 그 사람과 동등한 입장에서 이야기하고 싶었는데, 상대가 저의 모든 의견에 찬성했기 때문입니다. 그런 상태에서는 대화가 원활하게 이어질 수 없습니다.

상대에게 지나치게 마음을 쓰는 것은 오히려 상대를 존중하지 않는 것입니다. 그 사람의 의사를 무시하는 셈이니까요.

독립적인 사람일수록 상대가 무엇이든 맞춰주면 오히려 기분이 상한다는 것을 깨닫고 반성하는 계기가 되었습니다.

다른 사람과 함께 살아가는 세상에서 타인의 평가를 완전히 무시하기란 당연히 불가능합니다.

하지만 앞에서도 말했듯이 아무리 노력했다고 하더라도 다른 사람이 내가 원하는 만큼 나를 좋게 평가할 수는 없습니다.

다른 사람의 의견은 계속 들으면서도, 지나치게 마음 쓰지 않고 살아갈 수 있다면 얼마나 좋을까요?

그러려면 가장 먼저 타인 중심이 아닌
자기중심으로 살아가야 합니다.

타인 중심이란 상대의 감정이나 표현, 평가를 기준으로 그에 맞춰서 살아가는 것을 의미합니다.

물론 다른 사람들이 기뻐할 만한 행동을 해야 할 때도 있습니다. 하지만 그런 마음이 상대에게 온전히 전해지는 것도 아니고, 그런다고 해서 당신에 대한 평가가 좋아지는 것도 아닙니다.

상대의
기분에 맞추면
내 기분을 망친다

자기중심이란 자신이 무엇을 하고 싶은지, 어떻게 생각하는지를 기준으로 살아가는 것을 말합니다. 다른 사람의 시선만 신경 쓰며 타인 중심으로 살아간다면, 자기중심의 삶은 사라집니다.

지나치게 다른 사람에게만 맞추다 보면 '내가 정말 원하는 것이 뭐였지? 내가 지금 뭘 하고 있는 거지?'라는 생각이 듭니다. 자신의 감정을 알 수 없게 되는 것이죠. 이것이 가장 경계해야 할 점입니다.

사실 저도 갓 의사가 되었을 무렵에는 타인 중심으로 살았습니다. 당시 선배들에게 '의사답지 않다. 더 위엄 있게 행동해라'

는 말을 들었습니다.

예전에 제가 연예계 활동을 했던 것을 알고 '가볍게 행동하지 말라'고 충고하는 사람도 종종 있었습니다. 저는 '조금이라도 의사답게 보이려면 어떻게 행동해야 할까?' 생각했습니다. 그리고 주위 사람들의 의견에 부응하려고 말과 행동, 차림새를 바꿨습니다. 상사나 선배에게 인정받고 싶었던 것이지요.

당시에는 '이건 어떻게 생각할까?', '이건 정답일까, 오답일까?'라며 지나치게 주위를 신경 쓰다 보니 마음도 쉽게 위축되었습니다.

지금 저의 헤어스타일은 숏컷인데, 갓 의사가 되었을 무렵에는 긴 머리였습니다. 초등학생 때 만화 〈달려라 하니〉의 하니 같은 짧은 머리가 어울리지 않았던 기억 때문에 어깨 위로 자르지 않았습니다.

하지만 '의사로 보이지 않는다'는 말을 너무 많이 들어서 의사다워 보이기 위해 머리를 짧게 잘랐습니다.

지금은 숏컷이 편해 머리를 기르고 싶지 않지만, 그때는 나의 정체성 하나가 사라진다는 생각에 울며 겨자 먹기로 머리를 잘랐습니다.

하지만 애초에 저는 의사답게 보이고 싶지 않았습니다. 아직도 '선생님'이라는 호칭이 조금 어색하게 느껴집니다.

위엄을 드러내는 것은 제가 꿈꾸던 모습이 아니라는 것을 깨닫기까지 4년이 걸렸습니다. 그 뒤로 저는 비슷한 말을 들어도 마음에 두지 않습니다.

의사답지 않아서 더 편하게 이야기할 수 있다고 말하는 환자들도 많습니다. 무엇보다 정신과는 위엄보다는 편하게 대화를 나눌 수 있는 의사가 최고입니다.

조금 나이 많은 언니나 누나처럼 생각할 수 있는, 누구보다 쉽게 친해질 수 있는 정신과 전문의가 되려고 포지셔닝을 바꾼 뒤로 일도 순조롭게 풀렸습니다.

환자들 중에는 '내 얘기 좀 들어봐!'라며 친구처럼 진료실을 찾는 사람도 있습니다. 그렇게 대해주는 것이 오히려 더 좋습니다.

정신건강의학과를 찾는 사람들 중에는 자신의 마음을 쉽게 털어놓지 못하는 사람들이 많습니다. 그런 사람들이 편하게 이야기할 수 있다는 것이 가장 뿌듯하고, 저 또한 무리하지 않기 때문에 마음이 매우 편합니다.

다른 사람에게 맞추다 보면 알게 모르게 나의 체력이 떨어집니다. 다른 사람에게 인정받고 싶고, 다른 사람의 마음에 들면 좋겠고, 다른 사람이 나를 좋아해주길 바라고, 미움받고 싶지 않은 마음은 자연스러운 것입니다.

하지만 지나치게 신경 쓰다 보면 자신의 감정을 소홀히 하게 됩니다. 그렇게까지 했는데 기대했던 것처럼 자신을 좋아해주지 않으면 더욱 실망하고 마음의 상처를 받을 것입니다.

내가 생각하는 만큼 다른 사람들이 나를 좋게 평가해주지 않으면 '나는 이렇게 노력하고 있는데, 이유가 뭘까?'라는 생각이 듭니다. 그러면 기분이 우울하고 짜증이 나기 시작하면서 점점 더 부정적인 감정이 끓어오릅니다.

'내가 좋아하는 나'는 어떤 모습일까?
나의 진정한 기분은 무엇일까?

오랫동안 타인 중심으로 살아온 사람이 곧바로 자기중심으로 바꾸기는 쉽지 않습니다. 하지만 이 책에서 소개하는 사고 방법을 참고하여 조금씩 자기중심적인 삶을 되찾을 수 있습니다.

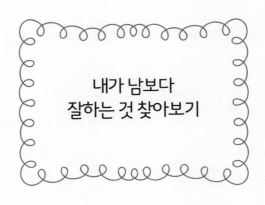

내가 남보다
잘하는 것 찾아보기

'오늘 좋은 일 있었나요?'

'최근에 기뻤던 일은 무엇인가요?'

'취미는 무엇인가요?'

왜 그런지는 모르겠지만, 우리는 긍정적인 질문에 대답하는
데 너무나도 서툽니다. 반면 아주 사소한 것이라도 부정적인
일에 대해서는 '오늘 완전 최악이었어. 내 얘기 좀 들어봐'라며
쉽게 얘기를 꺼냅니다.

'당신의 장점은 무엇인가요?'라는 질문에 말문이 막히지 않
고 술술 대답할 수 있는 사람은 많지 않을 것입니다.

예전에 축구 교실에서 스포츠를 통한 멘탈 코칭을 진행한 적이 있습니다. 그때 제가 담당하던 초등학교 1학년 학생에게 같은 질문을 했는데, 아이는 이렇게 대답했습니다.

"말할 수 없어요. 자랑한다고 생각할 테니까요."

그 대답을 듣고 저는 약간 충격을 받았습니다. 어릴 때부터 다른 사람의 시선을 신경 쓰면서 겸허하게 행동하려고 애쓰는 모습이 안타까웠습니다.

어린아이들뿐만이 아닙니다. 취업 준비를 할 때도 자신의 강점이나 장점을 내세워야 합니다. 면접 자리에서 장점이 무엇이냐고 물어보면 막힘없이 술술 말할 수 있어야 합니다.

자신의 장점을 찾기가 힘들다고 말하는 사람들도 많을 것입니다. 왜냐하면 '장점은 다른 사람이 봐도 뛰어난 부분'이라고 생각하기 때문입니다.

'나는 이런 장점이 있다'라고 생각해도 '다른 사람은 대단한 것이 아니라고 생각할지도 몰라'라고 무심코 위축되는 것입니다.

멘탈이 약한 사람일수록
자신의 장점을 알아두는 것이 중요합니다.

저는 스포츠 멘탈 코치로서 프로 운동선수들을 만나고 있습니다. 스포츠의 세계야말로 자신의 장점을 말하는 것이 매우 중요합니다.

새로운 팀으로 이적했을 때 자신의 장점을 어필하지 않으면 경기에 나가지 못할 수도 있습니다. 물론 감독이나 코치 등이 그 선수의 장점을 발굴해내려고 하겠지만, 그들이 처음부터 모든 것을 파악할 수는 없습니다.

사람은 누구나 좋은 점이 있는가 하면 당연히 개선해야 할 부분도 있습니다.

이것은 프로 운동선수에게만 해당하는 일이 아닙니다. 취업 준비를 하거나 이성을 만날 때, 상대는 자신의 장점을 확실하게 말할 수 있는 사람에게 더욱 매력을 느낍니다.

하루쯤
나 잘난 맛에
살아보기

장점은 자만이 아니라, 어디까지나 사실입니다.

'나는 이런 것도 할 수 있어. 대단하지?'라는 말을 연발하면 다른 사람들이 건방지다고 여기지 않을까 걱정될 것입니다. 하지만 곧바로 대답할 수 있는 장점을 하나쯤 생각해두는 것도 좋습니다.

도무지 장점이 없다고 말하는 사람들도 있을 것입니다. 그렇다면 장점보다는 '좋아할 만하다' 혹은 '인정할 수 있다'고 하는 부분을 탐색해보기 바랍니다.

'장점'이라고 하면 엄청나게 대단한 것, 대회에서 수상하는 등 눈에 보이는 실적이나 형태로 남아 있는 것, 그리고 다른 사람에게 호평받은 것을 떠올리는 경향이 있습니다.

하지만 거창하지 않아도 됩니다. 사소한 것이라도 괜찮습니다.

> 애초에 장점을 찾을 때
> '상대가 어떻게 볼까?'라는
> 생각을 해서는 안 됩니다.

예를 들어 '일찍 일어난다', '지각하지 않는다'는 것도 당연하다고 생각할지 모르겠지만, 사실은 대단한 것입니다.

반대로 '해야 할 일을 언제나 마감이 아슬아슬하게 끝낸다'는 것을 자신의 단점이라고 말하는 사람들이 있습니다. 하지만 아슬아슬해도 마감에 맞추는 것은 대단한 일입니다. 마감기한을 지키는 것만으로도 아주 훌륭합니다.

자신의 장점을 생각나는 대로 적어봅니다.

- 다른 사람에게 감사하는 마음을 전할 수 있다.
- 호기심이 왕성하고 탐구심이 강하다.
- 행동력이 있다.
- 무엇과도 바꿀 수 없는 친구가 있다.

나는 어떤 점이 대단한가?

1

2

3

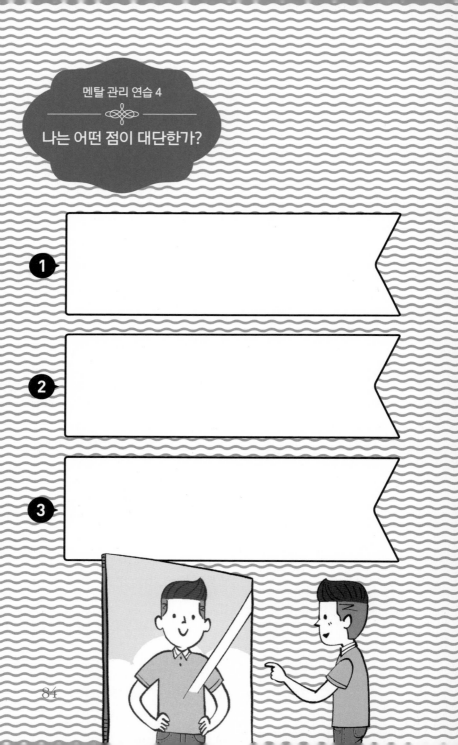

4

5

6

7

'대단한 것이 아니다' 혹은 '대단한 것이다'라는 식으로 생각하지 않아도 괜찮습니다. '나의 이런 부분이 좋다' 라고 생각되는 것들을 작성해봅니다.

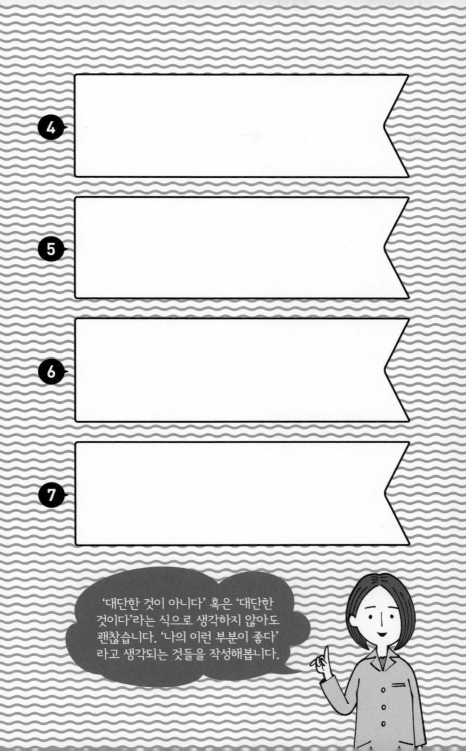

• 사소한 것에 화내지 않는다.

이처럼 어떠한 형태로 남거나 다른 사람에게 좋은 평가를 받는 것이 아니라도 스스로 장점이라고 생각한다면, 그것만으로도 괜찮습니다.

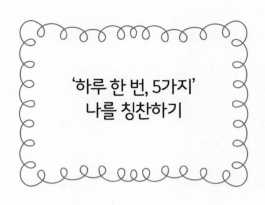

'하루 한 번, 5가지' 나를 칭찬하기

우리는 기본적으로 언제나 열심히 노력합니다. 원래 열심히 하기 때문에 뭔가 잘못되면 '왜 이렇게 되는 일이 없지?' 하고 더욱 부정적으로 생각하는 경향이 있습니다.

이미 최선을 다하고 있는데도 '더 열심히 해야 한다', '할 수 있어야 한다'는 생각으로 애쓰다 보면 어느새 마음이 우울해집니다.

누가 봐도 모든 것이 완벽한 사람은 없습니다. '몇 회 차 인생이어야 저런 사람이 될 수 있을까?'라는 생각이 들 정도로 부러워할 만한 사람도 다른 각도에서 보면 분명 부족한 부분이 있습니다.

보는 사람, 보는 장소, 보는 시간에 따라
사람의 평가는 달라집니다.

이렇듯 타인의 평가란 매우 애매한 것입니다.

우선 자신을 '칭찬하는 습관'을 들이세요. 이렇게 말하면 '칭찬할 부분이 없습니다'라고 대답하는 사람들이 많습니다. 이것은 다른 사람을 지나치게 의식하고 있다는 증거입니다.

타인 중심에서 자기중심으로 되돌아가는 방법으로 '하루 한번, 5가지 나를 칭찬하기'가 있습니다.

나를 칭찬하면 그다음에는
스스로에게 자신감을 선물해줄 수 있습니다.

'칭찬'이라고 하면 '다른 사람이 보기에도 대단한 점'이어야 한다고 생각하기 쉽지만 그렇지 않습니다. 특별히 대단하고 훌륭한 부분이 아니어도 괜찮습니다. 자신이 어제 혹은 오늘 했던 일 가운데 생각해봅니다.

• 아침밥을 준비할 때, 달걀 프라이의 노른자를 터뜨리지 않

았다.

- 업무 중에 졸음이 몰려왔지만 꾹 참고 졸지 않았다.
- 좋아하는 음식을 마음껏 먹고 싶었지만, 건강에 좋은 음식
  을 주문했다.
- 반신욕을 했다.
- 잠자기 전에 스마트폰을 보지 않았다.
- 출근 시간에 지각하지 않았다.

어찌 보면 당연한 것을 해냈다 하더라도 칭찬합니다. 칭찬
거리는 많을수록 좋습니다.

몸도 마음도 항상 최상의 컨디션일 수 없습니다. 그런데도
매일 출근한다는 것은 열심히 노력하고 있다는 뜻입니다.

피곤해서 쉬고 말았다고 하더라도, 피로 누적으로 폭발하기
전에 자신의 상태를 스스로 깨달았으니 대단한 것입니다.

모든 것에 늘 최선을 다하는 사람이 휴식을 취할 때 알아두
어야 할 것이 있습니다.

'이날은 무조건 휴식'이라고 미리 정해둔 다음에 쉴 것을 추
천합니다.

'생각만 하고 아무것도 하지 못한 하루'와 '평소에 쌓인 피로

를 풀기 위해 능동적으로 쉬는 하루'는 똑같아 보이지만, 그날을 마무리하는 기분은 완전히 다릅니다.

이처럼 아무것도 하지 않아도 죄책감을 느끼지 않는 환경을 스스로 만들어두는 것이 중요합니다.

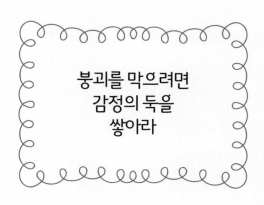

붕괴를 막으려면
감정의 둑을
쌓아라

불안감이 생겨나는 메커니즘은 정해져 있습니다. 특히 미래의 추상적인 상황을 생각할 때 불안감이 쉽게 일어납니다.

'이렇게 되면 어쩌지, 저렇게 되면 어쩌지……' 이런 고민은 실제로 일어난 일이 아닙니다. 확정된 상황이 아니라는 것입니다.

미래의 추상적인 상황들을 생각하다 보면 점점 불안감에 사로잡히는데, 이것을 '사고의 폭주'라고 부릅니다.

원래는 상황을 판단하고 행동하지만, 사고의 폭주가 발생하면 어떻게 해야 할지 알 수 없는 상태가 되어버립니다.

눈치를 보거나 타인 중심으로 행동하다 보면 사고의 폭주를 일으켜 불안감이 커지기 쉽습니다.

무분별한 불안감의 증폭을 막기 위해서는 자신의 감정을 이해하고 소중히 여겨야 합니다. 자신이 무슨 생각을 하고, 어떻게 하고 싶은지 느끼는 습관을 익히는 것이 중요합니다.

자기중심으로 생각하기 위해서는
'나'의 '지금'에 초점을 맞춰야 합니다.
지금 나의 상태가 어떤지를 아는 것입니다.

하지만 인간은 긴장하거나 무언가를 처음 경험할 때는 불안감을 느낄 수밖에 없는 존재입니다. 그럴 때는 어떻게 해야 할까요?

예를 들어 회사에서 잔뜩 긴장한 채 발표했는데, 왠지 모르게 주위 사람들의 표정이 어둡다면 '내가 적절하지 못한 말을 했나?'라며 불안해집니다. 그리고 '발표에 잘못된 내용이 있었나? 그 부분이었나, 아니면 그때였나? 설마 처음부터?'라는 식으로 부정적인 생각이 꼬리에 꼬리를 물고 이어져서 불안감은 점점 커집니다.

이런 상태에서는 더 이상 자신에게 초점을 맞추기 어렵습니다. 머릿속이 복잡하고 혼란스러워서 뭐가 뭔지 모르겠고, 조금 전 발표했던 내용도 엉망진창이라는 생각이 듭니다.

긴장한 데다 처음부터 불안했기 때문에 주위 사람들의 표정을 보고 제멋대로 '적절하지 못한 말을 했다'고 생각하고 그것을 사실처럼 믿어버립니다.

그런 불안감에 사로잡히면 부정적으로 상상할 수밖에 없습니다. 부정적인 감정은 긍정적인 감정보다 훨씬 쉽게, 더 깊숙이 머릿속을 파고듭니다.

뇌의 작업 기억을
덮어쓰자

우리의 뇌 속에서는 일상생활을 하면서 일시적으로 정보를 보존하고 처리하는 '작업 기억'이라는 과정이 이루어집니다. 인간이 한 번에 생각할 수 있는 작업 기억은 5가지로 한정되어 있습니다.

앞에서 예로 들었던 발표 상황에서는 망상에 의해 작업 기억이 불안으로 가득 찬 상태입니다. 불안할 때일수록 불안을 제공한 원인이 사실인지 망상인지를 검증하고, 사고의 폭주를 멈추어야 합니다.

그때 검증은 여러분의 뇌에서 하는 것이 아닙니다. 자신의 뇌에서 이루어지는 검증은 불안감을 더욱 증폭시키고, 생각을 나쁜 방향으로 흘러가게 합니다.

상대의 반응 때문에 불안감을 느꼈다면
상대에게 묻는 것이 정답입니다.

일단 그 누구도 '잘못되었다'라고 지적하지 않았습니다. 그러
므로 그것은 사실이 아닌, 당신의 망상입니다. 주위 사람들의
표정이 어두웠다면, 그들에게 이유를 물어봅니다.

"지금까지 발표하고 결론을 내린 과정에서 질문이나 궁금한
사항이 있으신가요?"

'지금 제 발표가 적절하지 않았나요?'라고 물어보면 자신 없
어 보입니다. 자칫 발표에 오류가 있었다면 마음을 날카롭게
찌르는 대답이 돌아올지도 모릅니다.

"여러분이 궁금해하는 정보를 전하고 싶으니 물어보세요."

자기 마음을 보호할 수 있도록 '플러스 알파' 방식으로 질문
하는 것이 좋습니다.

해결할 수 있는 불안과 해결할 수 없는 불안

사실과 망상을 구별하면, 그것이 해결할 수 있는 불안인지 해결할 수 없는 불안인지를 나눌 수 있습니다.

예를 들어 '다음 시험을 잘 볼 수 있을지 불안하다'라고 하면, 근본적으로는 열심히 공부하면 해결되는 일입니다. 물론 시험 문제가 어떠냐에 따라 달라지기는 합니다. 그렇다면 선생님한 테 '어느 부분을 중점적으로 공부해야 하나요?'라고 물어보고 그에 맞춰서 준비할 수 있습니다.

이렇게 불안감을 스스로 해소해나갈 수 있습니다.

반면 '세계의 정세가 어떻게 될까?'라는 막연한 불안도 있습니다. 이것은 한 나라의 대통령도 해결할 수 없는 부분입니다.

자신이 통제할 수 없는 문제는 그저 단순히 불안감을 부채질할 뿐입니다.

물론 2가지 요소를 모두 지닌 불안도 많습니다. 예를 들어 어떤 연예인이 '이 프로그램을 내년에도 계속할 수 있을까?'라는 불안을 느끼고 있다고 합시다.

자신의 노력도 필요하겠지만, 방송사가 그 프로그램을 계속 진행할지, 아니면 예산 편성은 되어 있는지 등 다른 요소들이 영향을 미칩니다.

그럴 때는 '이런 불안 속에서 지금 내가 할 수 있는 가장 중요한 일은 무엇일까?'라고 생각해봅니다.

> 불안감을 불러일으키는 원인과 상황에서
> 자신이 '할 수 있는 것'과 '할 수 없는 것'을 나눕니다.

그러면 뇌에서 정보를 처리하고 보존하는 작업 기억이 작용하면서, 새로운 불안이 비집고 들어올 틈이 사라집니다. 어쨌든 불안감을 해소하려면 눈앞의 현실에 초점을 맞추는 것이 무엇보다 중요합니다.

별다른 이유 없이 마음이 복잡해지는 막연한 불안감이 도저히 머릿속을 떠나지 않는다고 말하는 사람들이 있습니다. 이런 경우에는 자신이 지금 가장 알고 싶은 부분이나 불안한 요소를 분해해서, 구체적인 말로 적어가며 가시화하는 것부터 시작해 봅니다.

무엇이 불안한지를 말로 표현하면 원인을 발견하고 해결할 수 있습니다. 또는 자신이 할 수 있는 것과 할 수 없는 것을 나누는 동안 의외로 '이런 고민을 해봤자 소용없다'는 생각으로 이어져 불안감이 사라지기도 합니다.

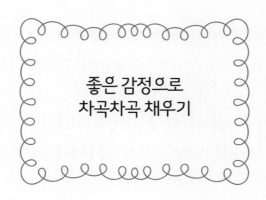

좋은 감정으로
차곡차곡 채우기

　세계의 정세나 안타까운 사건, 유명인의 자살 등 자신과는 조금 동떨어진 세계에서 일어나고 있는 뉴스라도 반복해서 보고 들으면 막연한 불안감이 확장됩니다. 그럴 때는 의식적으로 뉴스를 보지 않아야 합니다.

　그리고 최대한 자신과 가까운 곳으로 시선을 돌립니다. 눈앞에 있는 가족이나 친구 등 곁에 있는 사람들을 보면서, 뇌의 작업 기억을 좋은 일이나 감사하는 마음으로 가득 채웁니다.

멘탈이 약해져 있을 때일수록
나쁜 상상들이 밀려들어 괴롭힐 것입니다.

고민의 대상이 멀리 있을수록 불안감을 해결하기 위한 모든 사실을 알 수 없고 해결할 수도 없습니다. 그러므로 시선이나 사고를 자신의 주변으로 돌려야 합니다.

막연한 불안감으로 마음이 뒤숭숭할 때, 곁에 있는 친구들과 어울리거나 일에 집중합니다. 자신을 둘러싸고 있는 사람들이나 공간을 소중히 여겨야 합니다. 그리고 최대한 주위 사람들에게 '감사'하는 마음을 잊지 않아야 합니다.

저도 세상이 불안한 일들로 가득한 때일수록 주변 사람들에게 언제나 저를 걱정해주고 안부를 물어봐 주어서 고맙다고 감사의 말을 전합니다.

감사하는 마음은 행복 호르몬이라고 불리는 세로토닌을 증가시킵니다. 감사의 표현은 화학적으로도 행복해질 수 있는 방법입니다.

마음속으로 전하는 것도 좋지만, 가능하다면 말로 직접 표현해봅니다. 그러면 그 마음을 받은 상대도 기뻐할 것입니다. 상대도 여러분에게 고마운 마음을 말로 전하면 여러분도 행복을 느끼니 기쁨이 배가됩니다.

실체가 없는 불안감에 습격당했을 때는 주변에 감사하는 마음을 전달합니다.

오늘 하루
감사한 일 적어보기

1

2

3

"남들과 비교하다 보면
나 자신이 너무 초라하게 느껴져서 우울해요."

PART
03

유리 멘탈이지만
절대 깨지지 않는
회복력

분위기 파악
못 해도 괜찮다

사람들과 어울리다 보면 어쩔 수 없이 눈치를 보게 됩니다. 어느 정도 분위기를 맞춰야 하니까요. 그래서 '내가 분위기를 잘 파악하고 있는 것일까?'라며 걱정할 때도 있습니다. 소위 말하는 '분위기 파악 좀 해'라는 말은 좋은 의미가 아닙니다.

하지만 계속 상대의 눈치를 본다고 해도 결국 정답은 상대밖에 모릅니다. 분위기를 읽고 눈치를 보는 것은 '그럴 것이다' 하고 예상하는 것에 불과합니다.

분위기를 살피고 있을 때 상대가 미소를 띠고 있다 하더라도 마음속을 완전히 드러냈다고 할 수는 없습니다. 상대가 진심으로 좋아하는지는 여전히 수수께끼입니다.

주위의 눈치를 보는 태도가 무조건 안 좋다는 뜻이 아닙니다. 분위기를 읽을 줄 아는 것도 중요한 하나의 장점입니다.

그러나 너무 지나치게 분위기를 살피고 눈치를 보는 나머지 마음이 점점 불안해진다면, 이것은 그야말로 주객전도라고 할 수 있습니다.

상대의 마음을 읽으려다
내 마음을 잃어버린다.

상담을 하다 보면 '사람들 눈치를 너무 많이 보느라 금방 지쳐버린다'고 하는 사람들도 많습니다. 사실상 그들은 지나치게 눈치 보는 것이 아니라 '지나치게 눈치를 보려고 하는' 사람들입니다.

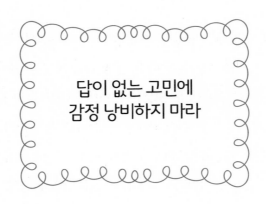

답이 없는 고민에
감정 낭비하지 마라

눈치를 보면서 분위기를 파악하려고 할 때는 불안한 마음이 생겨나서 아무리 머리를 굴려도 알 수 없는 것들을 계속 생각하려고 합니다.

모르는 것을 생각할 때는 불안감이 커질 뿐 아니라 점점 나쁜 방향으로 흘러가기 때문에 피로해지는 것입니다.

상대의 반응에 '괜찮았나?', '이게 맞을까? 아니면 저게 맞나?'라고 계속 생각할 정도라면 차라리 '이건 어떻게 생각하시나요?'라고 직접 물어보는 것이 어떨까요?

피곤할 정도로 생각하는 것보다 빨리 질문해서 결론을 내버리는 것이 낫습니다. 진행도 훨씬 빠르고 상대도 기쁠 것입니다.

"그렇게 생각을 딱 나눌 수 있으면 좋겠지만 말처럼 쉽지 않습니다"라고 대답하는 사람들이 있습니다. 분명 쉽지 않은 일입니다. 하지만 눈치를 보는 것이 힘들고 괴롭다면 결국 자신의 행동을 바꾸는 수밖에 없습니다.

조금 극단적인 방법일지도 모르지만 상대에게 직접 물어볼 수도 있습니다. 눈치를 보는 것뿐 아니라 어떤 고민이 있을 때 '혼자 생각해서 답이 나오는' 고민인지, 아니면 '혼자 아무리 생각해봤자 답이 나오지 않는' 고민인지를 먼저 판단하면 불안감을 줄일 수 있습니다.

아예 눈치 따위 보지도 말고, 분위기 파악도 할 필요 없다고 말하는 것이 아닙니다. 남들과 어울리려면 최소한의 눈치는 보면서 살아갈 수밖에 없습니다. 하지만 눈치를 보고 분위기를 파악하는 것만이 정답이 아니라는 사실도 꼭 기억하기를 바랍니다.

눈치를 본다는 것은
다른 사람에게 초점을 맞춘다는 것입니다.

시선이 다른 사람을 향해 있으면 정작 중요할 때 자신에게 초점을 맞추기 어렵습니다.

그렇다고 분위기를 어지럽히고 상대를 불쾌하게 만들어서도 안 됩니다. 자신이 눈치를 보는 것과 신경 쓰지 않는 것 중에서 무엇이 지금의 상황에 이득인지를 판단하고 그에 맞춰 행동해야 합니다.

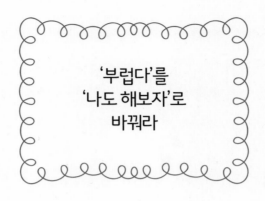

'부럽다'를
'나도 해보자'로
바꿔라

매력적인 사람이나 대단한 결과물을 보면 무심결에 나 자신과 비교하게 됩니다.

'저 사람은 저렇게 뛰어난데, 나는 제대로 하는 게 없구나'라고 말이죠. 이런 생각이 들면 초조하고 울적해집니다.

이런 감정은 누구나 느끼는 것입니다. 특히 바빠서 몸과 마음이 너덜너덜한 상태일 때 인스타그램에서 친구들의 반짝이는 모습을 보면, 마치 바늘로 콕콕 찔리는 듯한 느낌을 받습니다. 남의 떡이 더 커 보이는 것은 사람이면 누구나 가지는 보통의 마음입니다.

다른 사람들이 멋지고 화려하게 사는 모습을 보면 정말 부럽습니다. 다른 사람과 비교하며 상처받거나 '나는 왜 못 할까?' 라는 정도의 초조한 감정은 자연스러운 것입니다.

그러나 '어차피 나 따위는'이라는 자기 비하를 해서는 안 됩니다. 자신을 낮추다 보면 사고나 행동이 자포자기 상태가 되기 쉽습니다.

자신의 가능성을 점점 줄어들게 하는 사고 습관을 버려야 합니다. 자기 비하 발언을 하다 보면 인간관계도 나빠지므로 다시 우울해지는 악순환에 빠집니다.

자신을 비하하는 생각 습관은
자신의 멘탈을 흔드는 불행한 환경을
스스로 만드는 것이나 다름없습니다.
스스로를 망치는 안타까운 일입니다.

다른 사람과 비교하면서 초조함을 느끼고 열심히 노력해야겠다는 마음이 생겨서 올바른 에너지로 바꿀 수 있다면 전혀 문제가 되지 않습니다. 오히려 더욱 발전할 수 있는 좋은 계기가 됩니다.

하지만 '어차피 ○○일 거야'라는 자기 비하식 사고는 스스로 노력하지 않으려고 사전에 생각을 차단해버리는 방패에 불과합니다.

멋진 사람을 보고 질투도 나고 부러운 마음이 들었다면, 자신도 그렇게 되기 위해 행동하면 됩니다.

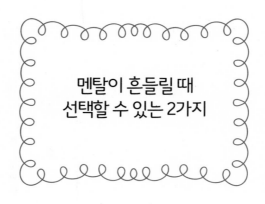

멘탈이 흔들릴 때
선택할 수 있는 2가지

다른 사람과 비교하다 멘탈이 흔들릴 때는 2가지 선택지가 있습니다. '3년 후에는 나도 저런 사람이 되도록 노력할 거야'라는 장기적인 목표를 세우고 행동에 옮기거나, 아니면 '어쩔 수 없지. 나는 나야'라고 포기하는 것입니다.

저는 대학 시절에 방송 활동을 했기 때문에, 늘 제 주위에는 예쁘고 아름답고 매력적인 사람들이 많았습니다. 그런 사람들에 둘러싸인 환경에서 시험을 앞두고 몸과 마음이 굉장히 너덜너덜한 상태였습니다.

너무나 슬프고 우울한 기분에 사로잡혀 있을 때 저는 '10년 후에 두고 보자'라는 마음으로 극복했습니다.

저는 의사 집안에서 태어나지 않았습니다. 정신과 전문의가 되고 싶어서 스스로 의학부에 진학했습니다. 아름답고 예쁜 사람들 사이에서 저는 별 볼일 없는 존재였습니다. 방송 활동으로 성적이 떨어졌다는 말은 듣고 싶지 않아, 6년 동안 필사적으로 공부해서 성적을 유지했습니다.

그때의 흔들리지 않은 멘탈과 노력 덕분에 정신과 전문의가 되어 다시 방송 활동을 시작할 수 있었습니다.

'다른 사람과 비교하고 우울해지는 나'에서 '할 수 있다는 동기부여와 자신감을 얻은 나'로 바꿀 수 있습니다. 더 나아가 자신이 성장하는 것을 느끼면서 더욱 자신감이 생기고 스스로를 인정하게 됩니다.

하지만 자신이 잘하는 일과 못 하는 일, 잘 맞는 일과 그렇지 않은 일이 있습니다. '이 사람 엄청 대단하다. 나는 잘 못 하겠는데'라고 느꼈을 때, 과연 자신도 똑같이 할 수 있을지, 자신에게 잘 맞는 일인지를 먼저 생각해보는 것이 좋습니다.

'아무리 노력해도 그 정도 수준까지 미치지 못할 거야' 혹은 '그 수준까지 되고 싶은 것은 아니야'라고 느꼈다면 순순히 마음을 접는 것도 괜찮습니다.

반드시 다른 사람과 똑같을 필요는 없습니다.

모든 방면에서 아무것도 할 수 없는 것이 아니라, 나와 맞지 않는 것들도 많습니다. 무조건 극복해야 하는 일이라면 자신감을 살려서 마주해야 하겠지만, 그렇지 않은 것이라면 자신이 잘할 수 있는 것을 하면서 즐겁게 살아가야 합니다.

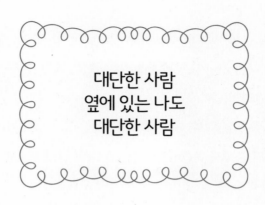

대단한 사람
옆에 있는 나도
대단한 사람

다른 사람을 보고 부럽다는 생각이 들었을 때 나 자신을 이렇게 타이른 적이 있습니다.

'대단한 사람이 주변에 있다는 것은 매우 기쁜 일이다. 심지어 그가 나와 친하게 지내고 있다면 나에게도 무언가 매력이 있는 것이다.'

부러움의 대상인 사람이 나를 의식하고 시간을 할애해준다면, 분명 나에게도 그만한 가치가 있기 때문입니다.

게다가 다른 사람의 훌륭한 점을 훌륭하다고 솔직하게 인정해줄 수 있다면 다른 사람의 장점을 제대로 찾을 수 있습니다. 그것 자체가 인생을 살아가는 데 아주 좋은 장점입니다.

그러니 전혀 주눅 들 필요 없습니다. 자신이 할 수 있는 최선을 다해 다른 사람의 장점을 발견해나가는 것도 인간관계에서 아주 큰 장점입니다.

다른 사람을 부러워하다 보면 열등감을 느끼게 됩니다. 하지만 지금의 나에게 만족하지 못하는 이유는 그만큼 욕심이 있다는 것입니다.

아직 나에게는 가능성이 있고,
성장하고자 하는 에너지를
가지고 있다는 말이기도 합니다.

다른 사람과 비교하면서 열등감을 느끼는 사람에게는 '어떻게 하면 좋을지 더 고민하세요!'라고 말합니다. 물론 우울한 사람에게 그렇게 말하지 않습니다. 마음이 어느 정도의 상태로 유지되는 사람은 그만큼 고민하고 생각하는 것입니다.

프로 운동선수나 경영자, 연예인 등의 멘탈 관리를 도와주면서 깊이 깨달은 것이 있습니다.

그 분야에서 눈부시게 활약하는 사람은 겉으로는 아무리 밝고 고민이 없어 보여도 속으로는 엄청나게 생각하고, 고민하고, 또 고민한다는 것입니다.

좋은 성과를 내기 위해 고민하고 행동한다는 것은 정말 힘든 일입니다. 하지만 그 사람들은 억지로 힘을 짜내서 기어오르려고 노력합니다. 자신이 성장하기 위한 노력을 귀찮아하지 않고, 그 과정을 기꺼이 받아들이고 심지어 즐깁니다.

우리가 부러워하는 상대도 분명 부러워할 만한 성과를 내기 위해 엄청나게 노력하며 매일매일 고민하고 있을 것입니다.

어떤 사람을 부러워하는 마음이 들었다면 그가 지금의 위치에 도달하기까지 해왔던 것처럼 생각하고, 행동하고, 실패하고, 또 생각하고, 도전할 좋은 기회입니다.

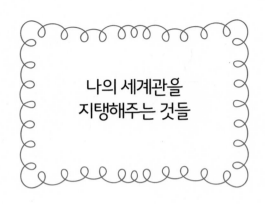

나의 세계관을
지탱해주는 것들

　'자립은 의존 대상을 늘리는 것'이라는 말을 들어본 적 있나
요? 소아과 전문의이자 도쿄대학교 첨단과학기술연구소의 쿠
마가야 신이치로 교수가 한 말입니다.

　그는 신생아가사의 후유증으로 뇌성마비 장애를 가지고 있
습니다. 뇌성마비란 출생 시에 발생한 어떠한 원인으로 인해
운동 기능이나 자세를 유지하는 뇌 기능에 장애가 생긴 것을
말합니다.

　경직형 뇌성마비인 쿠마가야 교수는 언어장애가 심하지 않
지만, 항상 몸이 긴장된 상태여서 마음대로 움직이기 어렵다고
합니다.

철이 들기 전부터 '정상적인 움직임'을 익히기 위해 힘든 재활치료를 받아왔던 쿠마가야 교수는, 초등학생 때 불현듯 '부모님이 먼저 돌아가시면 나는 살아갈 수 없을 것이다'라는 생각이 들었다고 합니다.

열 살짜리 아이가 부모님의 전폭적인 지원을 받는 것은 너무나 당연한 일인데도, 쿠마가야 교수는 장애가 있어 그것을 더 선명하게 느꼈는지 모릅니다.

그런 불안감은 나이가 들면서 더욱 커졌다고 합니다. '이대로는 안 되겠다'고 생각한 쿠마가야 교수는 대학 진학을 계기로 자취를 시작했습니다. 그는 혼자 시행착오를 겪으며 독립적인 생활을 해나갔습니다.

그는 다양한 사람들과 상황을 마주하고 경험하면서 이런 깨달음을 얻었다고 합니다.

"

일반적으로 '자립'의 반대말을 '의존'이라고 착각하는데, 인간은 사물이나 사람 등 다양한 것에 의존하지 않으면 살아갈 수 없습니다. (중략) '장애인'이란 '의존 대상이 한정되어 버린 사람들'을 가리킵니다. 사람들은 비장애인이 무엇에도 의지하지 않는 자립한 사람이고, 장애인은 여러 가지에 의지해야만 살아갈 수 있는 사람이라고 잘못 생각하고 있습니다. 하지만 진실은 반대입니다. 비장애인은 다양한 것에 의존할 수 있고, 장애인은 한정된 것에만 의존할 수 있습니다. 의존 대상을 늘려, 각 대상에 대한 의존도를 낮춘다면 무엇에도 의존하지 않는다고 착각할 수 있습니다.

(쿠마가야 신이치로, 〈자립은 의존 대상을 늘리는 것, 희망은 절망을 서로 나누는 것〉, 《도쿄인권》 56호, 2012년 공익재단법인 도쿄부 인권계발센터)

,,

'의존 대상을 늘려서 각 대상에 대한 의존도를 낮춘다'는 것은 장애의 유무와 관계없이 모든 사람들에게 공통적으로 해당됩니다.

자립하기 전에 쿠마가야 교수는 '그 사람이 없으면 살아갈 수 없다'라는 생각을 할 정도로 부모님에 대한 의존도가 높은 상태였습니다. 하지만 현실사회는 '그 사람'이 없어도 다른 사람들도 많고, '나'는 살아갈 수 있으며 살아가야만 합니다.

누군가가 사라지면 나는 더 이상 살아갈 수 없다는 것은 자신이 스스로 만들어낸 환상일 뿐입니다. 우리가 지금 살아가고 있는 현실 세계가 아닙니다.

　그렇다면 어떻게 해야 그 환상의 공간에서 빠져나올 수 있을까요?

　누군가에게 쉽게 의존하는 사람은 무의식중에 시야가 좁아지는 경향이 있습니다. 그리고 '의존했던 것'이 없어지면 마치 그 세계가 끝날 것처럼 느껴집니다.

　그럴 때는 조금만 시선을 들어서 옮길 필요가 있습니다.

　의존성이 강한 자신에게 지쳐버렸다면 자립하기 위해 의존도를 낮출 필요가 있습니다.

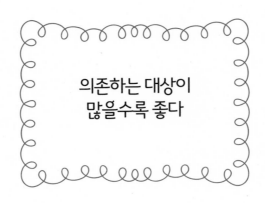

의존하는 대상이
많을수록 좋다

한 사람에게 의존하려는 성향이 강한 사람들에게 종종 열렬한 팬 활동을 추천합니다. 사람, 물건, 생각, 무엇이든 좋으니 평소와 다른 것을 접해보면 어떨까요?

'○○를 하고 있을 때는 즐거워', '○○를 보고 있으면 마음이 편안해' 등 자신의 새로운 감정을 발견해봅니다.

내가 즐겁고 행복하게 할 수 있는 팬 활동을 적극적으로 찾아보는 것입니다.

내가 좋아하는 것들을 적어봤을 때(38쪽 참고), 그 수가 많을수록 한 가지에 대한 의존도가 낮아집니다.

연인과 헤어지거나 좋아하는 연예인이 은퇴하고 활동을 중단하는 등 의존 대상이 갑자기 사라지는 경우도 있습니다.

자기 의사와 관계없이 의존 대상이 사라졌을 때 멘탈은 무너지기 쉽습니다.

내가 가장 좋아하던 것을 잃은 슬픔은 새로운 팬 활동으로 치유할 수 있습니다. 그때를 위해 자신이 의존할 수 있는 대상을 늘려가면서 하나에 대한 의존도를 줄여나갑니다.

내가 가장 좋아하는 것들이 늘어날수록 즐거움도 배가됩니다. 내가 좋아하는 사람이나 물건에서 기분 좋은 에너지를 받을 수 있다면 가장 좋지 않을까요?

의존 대상을 늘리는 것도 중요하지만, 의존 대상의 수와 관계없이 공통적으로 내가 그 관계를 통해 행복을 느끼고 웃을 수 있어야 합니다.

의존하는 것 자체는 전혀 나쁜 것이 아닙니다. 의존 대상이 한 가지밖에 없다고 하더라도 당신이 즐겁다면 그것만으로도 괜찮습니다.

다만 의존하는 대상의 수가 적으면 아무래도 자신의 감정이 그것에 좌우되기 쉽습니다. 자신이 아닌 의존 대상을 우선시하다 보면 좋아서 하는 팬 활동이 오히려 괴로워지는 어그러진 감정이 생깁니다.

'내가 즐거우니 함께한다.'
'내가 웃을 수 있으니 한다.'

이것이 무엇보다 중요한 기준입니다. 의존 대상이 없어지더
라도 기분 좋은 상태가 유지되려면 새로운 대상이 필요합니다.

초조할 때는
최고의 순간을
돌아본다

초조함을 느낄 때는 막연한 불안감에 이리저리 휩쓸리게 됩니다. 그러다 보면 사고의 시야가 좁아지고 흐려질 수밖에 없습니다.

그런 상태를 '심리적 시야 협착'이라고 합니다. 이때는 심리뿐만 아니라 실제로 시야가 좁아집니다. 그래서 평소에는 하지 않던 실수를 연발하여 더욱 초조해집니다.

그럴 때는 '지금 내게 무슨 일이 일어나고 있는 거지?'라고, 구체적인 상황을 자세히 나열해보는 것이 효과적입니다.

① 내가 목표로 정한 것이나 도달해야 하는 결과를 쓴다.

② 목표를 이루기 위해 지금 어떤 노력을 하고 있는지 나열한다.

③ 최선을 다한 일 가운데 '잘된 것'과 '잘되지 않은 것'을 나눈다.

④ 목표를 이루기 위해 올바른 방향으로 노력하고 있는지, 혹은 다른 접근 방법으로 바꾸어야 하는지를 생각해보고 어떤 것들을 개선해야 할지 찾는다.

⑤ 지금 나의 실력으로 무엇을 할 수 있는지를 나열해본다. 그리고 쉽게 할 수 있는 일부터 시작하기 위해 우선순위를 정한다.

⑥ 개선해야 할 점이 하나도 없다면 지금은 시기가 아니거나 결과가 나오는 중일지도 모른다. 그러므로 지금 하고 있는 일을 계속한다.

영문도 모른 채 머리가 폭발하기 전에 위의 6가지를 나열한 다음 생각을 정리해봅니다. 구체적인 말로 작성하면 좁아졌던 시야가 다시 넓어지고, 객관적으로 볼 수 있습니다.

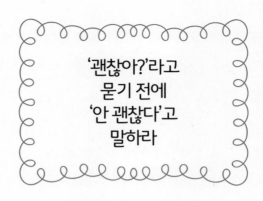

'괜찮아?'라고
묻기 전에
'안 괜찮다'고
말하라

초조함으로 시야가 좁아져 있을 때는 잘못된 방향으로 나아가기 쉽습니다. 그래서 무엇이든 좋으니 뭔가를 바꿔야 한다고 생각합니다.

'지금 내가 하고 있는 일이 옳은 것일까?'라는 불안감이나 의심이 드는 상태에서 '바꾸어야만 하는 것과 바꾸지 않는 편이 나은 것'을 알 수 있습니다.

지금까지 해왔던 일에서 잘된 부분이 가시화되므로 열심히 노력해온 자신을 신뢰할 수 있고, 또 열심히 할 수 있는 힘을 얻게 됩니다.

예를 들어 최근 골이 전혀 들어가지 않는 축구 선수는 자신

의 실력을 재정비하려고 할 것입니다. 하지만 그런 시기에는
망설임이 생기고, 조금이라도 상황이 나빠질 때마다 무엇이든
개선하려고 합니다.

그때는 오히려 잠시 멈춰서
자신의 상태가 최고였을 때의 폼과 지금의 폼을
비교해보는 것이 좋습니다.

　사람들에게 자신의 약점을 드러내는 것을 두려워하지 않고,
초조하거나 불안한 지금의 상태를 적극적으로 이야기합니다.
　사람들은 마음이 혼란스러울 때 혼자 해결 방법을 모색하려
는 경향이 있습니다. 과제는 조금이라도 줄이는 편이 좋습니
다. 그리고 시야가 좁아졌을 때는 혼자 아무리 생각해도 좀처
럼 좋은 해답을 발견하지 못합니다.
　주위 사람들에게 초조한 모습을 보이지 않으려고 해도, 그들
은 대부분 눈치채고 있습니다. 상대가 '도와줄까?'라고 물어보
기 전에 스스로 현재 상태를 파악하고 먼저 도움을 청하는 것
이 오히려 매력적입니다.

유리 멘탈을
불러일으키는 말투

상담할 때 '저는 멘탈이 너무 약해서요……'라고 말하는 사람들이 매우 많습니다. 하지만 결론부터 말하자면 약한 멘탈을 고민할 필요 없습니다.

애초에 부정적인 감정을 가지는 것 자체는 전혀 잘못된 것이 아닙니다.

예를 들어 누군가와 마찰을 빚었을 때, 무언가 실패했을 때 우울해지는 것은 너무나 당연합니다. 오히려 여러분의 멘탈이 정상적으로 작동하고 있다는 증거이니 안심해도 됩니다.

스스로 '유리 멘탈'이라고 말하는 사람에게 정신과 전문의인 제가 할 수 있는 조언은 나약함을 그대로 인정하라는 것입니다.

부정적인 감정이 든다는 사실을 있는 그대로 받아들이는 것이 무엇보다 중요합니다. 많은 사람들이 부정적인 감정을 애써 외면하려고 합니다.

부정적인 감정을 그대로 받아들인다는 것은 'ㅇㅇ라는 것이 일어난 결과, 나는 지금 우울하다'라며 부정적인 감정을 불러 일으킨 원인과 결과를 연결해서 생각하는 것입니다.

감정은 어떤 행동과 연결되어 있습니다.
따라서 부정적인 감정을 유발한 행동을 찾아봅니다.

어떤 한 가지 일이 아니라 장기적인 변화로 인해 불안감이 나타날 때는 명확한 원인을 알아차리기 조금 어려울지도 모릅니다.

우울, 짜증, 분노 등 부정적인 감정이 생겨날 때 사람들은 그 감정을 어떻게든 정리하려는 경향이 있습니다. 하지만 우선 그 일이 일어나기 전에 어떤 행동을 했는지 거기에 조명을 비춰보기를 바랍니다. 그런 다음 그 행동을 개선할 방법을 고민해봅니다.

필요 이상으로 크게 우울해지는 사람은 자신의 행동을 돌아

보지 않는 경향이 강합니다. 상황이 정리되지 않은 상태에서 누군가의 공감을 얻고 싶은 마음이 큽니다. 강한 척하며 거짓 웃음으로 얼버무리려는 사람은, 자신의 감정을 제대로 바라보지 않는 것입니다.

이러한 경우는 모두 마음속 응어리를 소화하지 못해 해결책을 생각할 수 없으므로, 자신의 기분을 스스로 헤아리지 못합니다.

이것은 결국 자신에게 손해입니다. 자신의 행동을 되돌아보아야 개선할 방법을 찾아서 앞으로 나아갈 수 있습니다. 내가 어떤 행동을 했기에 마음이 울적해졌는지를 알면 그것을 개선하기 위한 행동으로 옮겨 갈 수 있습니다.

또한 자신의 감정을 제대로 바라보지 못하면, 주위 사람들이 '제대로 이해하고 있는 걸까?' 혹은 '반성하고 있지 않잖아?'라는 생각이 들어서 필요 이상으로 공격할 수도 있습니다.

나 자신을
우울하게 만드는
말습관

자주 우울감에 빠지는 사람은 무엇이든 부정적으로 인식하는 경향이 있습니다. 애초에 인간의 뇌는 부정적인 것에 더 집중합니다.

사람도 동물이므로 행복하고 여유롭게 있다가도 위험이 닥쳐오는 순간에는 그것을 제대로 감지하기 위해 본능적으로 반응합니다.

항상 우울함에 빠져 있는 사람은 '기쁨', '즐거움', '행운' 등 행복 안테나를 의식적으로 세워봅니다.

무슨 일이 일어났을 때 자신이 행복 안테나를 세우고 있는지, 아니면 부정적인 안테나를 세우고 있는지에 따라 다가오는 성과가 달라집니다.

계속 우울한 상태라면 뇌의 작업 기억이 우울함에 지배되므로 그만큼 다른 감정이 들어갈 공간이 줄어듭니다.

예를 들어 '업무의 60%나 완성했다'는 행복 안테나를 세울까요, 아니면 '업무의 60%밖에 못 했다'는 부정적인 안테나를 세울까요?

무슨 일이 있어도 '60%'라는 사실은 변하지 않습니다. '업무의 60%밖에 하지 못했다……. 왜 나는 안 되는 걸까'라고 생각하는 사람은, 업무의 20%든, 30%든, 90%든 상관없이 '하지 못했다'는 사실에만 초점이 맞춰져 있기에 우울해합니다.

그리고 '이런 상태로는 안 돼'라고 했을 때 '이런 상태'에는 일을 전부 끝내지 못한 자신뿐만 아니라, 회사의 일, 가정의 일, 그 외의 여러 가지를 하지 못한 자신이 모두 포함되어 있기에 뇌의 작업 기억을 상당 부분 사용하게 됩니다.

부정적인 것이 작업 기억을 차지하고 있으면, 다음에 해야 하는 일이 쉽게 떠오르지 않습니다.

우선 문장을 '하지 못했다'라고 끝내는 습관을 버려야 합니다.

일단 '60%까지 끝났다'는 사실을
'60%까지 완성했다'라고
긍정적으로 인식하는 습관을 들여야 합니다.

남은 40%를 해결하기 위해 어떻게 해야 할지를 고민하면 됩니다. '의외로 할 수 있겠다'고 생각할지도 모르고, '40% 남았으면 제때 끝낼 수 없으니 조금 더 노력하자'라는 동기부여가 될지도 모릅니다.

어떤 일에 실패하고 우울해졌을 때는, 그 감정 그대로 개선할 방법을 함께 떠올리는 연습을 해봅니다.

바꿔야 하는 것은 당신의 멘탈이 아니라, 멘탈 붕괴의 원인이 된 행동입니다.

'다음은 이렇게 해보자'라고
앞으로 나아가는 것이 중요합니다.

긍정적으로 사고하기 위해서는 우선 자신의 현재를 사실 그대로 받아들이고, 실패의 원인을 찾는 것이 중요합니다.

똑같은 문제가 발생했을 때 생각했던 해결 방안을 시험해보고, 비록 실패하더라도 새로운 해결 방안을 생각하면 됩니다. 그리고 해결 방안이 성공적이었다면 자기긍정감이 올라갑니다.

'불가능'한 것들을 나열하는 것이 아니라, 사소한 것이라도 괜찮으니 '성공 경험'을 쌓아 올리다 보면 우울해지는 횟수는 줄어들고 그 기간도 짧아질 것입니다.

하지만 오랜 기간 거듭해온 사고 습관을 바꾸기란 간단하지 않습니다. 그러므로 무심코 '60%밖에 하지 못했다'라는 생각이 들더라도, '아니야, 60%나 완성했어'라고 하나하나 수정해나가면서 조금씩 익숙해지는 것이 좋습니다.

"열심히 하긴 하는데
'왜 나는 안 될까?'라는 생각이 자주 들어요."

PART
04

조금
부족한 당신이
더 매력적이야

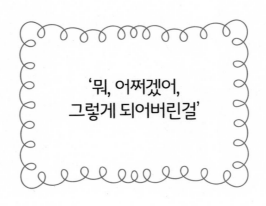

'뭐, 어쩌겠어, 그렇게 되어버린걸'

　짜증이 나거나 슬플 때 '그래도 난 괜찮아. 아직 더 열심히 할 수 있어'라고 생각하는 것은 좋지만, 너무 무리하지 않아야 합니다.

　지나치게 낙관적인 감정은 '지금 당장은 괴로워도, 나의 타고난 밝은 성격으로 다 물리쳐버릴 거야!'라는 생각으로 조금 무리하게 됩니다.

　정말로 괴로움을 물리칠 수 있으면 다행이지만, 조금 이상적인 모습입니다. 현실적으로는 힘들다는 것입니다.

　누구나 '당장 긍정적인 생각을 하는 것은 무리'일 때가 있습니다. 그럴 때 '나는 원래 이런 사람이 아니야. 열심히 할 수 있어', '함께 극복하는 거야, 파이팅!'이라는 사고방식은 당신의 마음을 부정하는 것이기도 합니다.

자신의 감정에 거짓말하거나 은근슬쩍 넘겨버리다 보면 부정적인 감정이 더 커질 때가 있습니다.

우선 짜증을 내는 나 자신을
그대로 수용하는 것이 무엇보다 중요합니다.

화가 나거나 우울할 때는 '나는 이런 부분에서 짜증이 나는구나'라며 자신을 이해할 기회입니다.

짜증이 밀려오는 계기나 시점을 알면, 그런 환경을 만들지 않거나 멘탈이 무너지기 쉬운 장소나 사람을 가까이하지 않을 수 있습니다. 최대한 감정을 소모하지 않는 환경을 만드는 것입니다.

적극적인 것보다 긍정적인 사고와 태도가 더 좋습니다. 긍정적인 것은 앞으로 향하는 것과 같습니다. 인간의 몸은 원래 앞을 향해 있습니다. 앞을 바라보면서 괴로움, 힘듦, 슬픔, 졸림 등 다양한 자신의 상태를 온전히 받아들이는 것이 중요합니다.

자신의 마음을 부정하지 않으면 자연스럽게 새로운 기분으로 전환하는 방법을 고민하게 됩니다. 그 상태가 이른바 모두가 알고 있는 '긍정적'인 태도입니다.

그리고 포기하는 것도 중요합니다. 모든 것에 신경 쓰다 보면 지칠 수밖에 없습니다.

'너무 괴롭고 힘들지만, 대책을 마련해서 바꿔야 할 필요가 있을까? 내게 중요한 것일까?'라고 고민한 다음, 중요하지 않다는 생각이 들면 일단 내버려둡니다.

나 자신에게 자주 하는 말이 '뭐, 어쩌겠어', '지금은 아니야'입니다. 무리하게 잘하려는 것보다 두 문장을 자신에게 소리 내어 말해보세요.

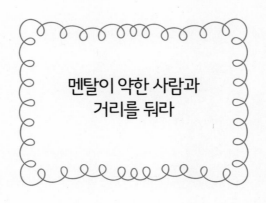

멘탈이 약한 사람과
거리를 둬라

"주변 사람들이 짜증을 내면, 저도 덩달아 짜증이 나요."

"마음이 지쳐 있는 친구의 이야기를 듣다 보면 저도 그만 우울해지고 말아요."

다른 사람의 감정이 이입되어 지친다고 하는 사람들도 꽤 많습니다. 다른 사람의 감정을 쉽게 수용하는 사람은 기본적으로 상대에게 마음을 쓰고 있는 것입니다.

그 사람이 짜증 나지 않도록, 웃을 수 있도록, 편해질 수 있도록 자신의 행동과 감정을 맞춥니다.

날씨나 기온이 조금씩 변하면, 그에 맞추기 위해 우리의 몸도 쉽게 피로해지는 것과 마찬가지입니다. 감정도 변화에 대응하려면 매우 힘들고 많은 에너지를 사용하게 됩니다.

또한 다른 사람을 지나치게 보고 있는 탓에, 상대가 자신과 상관없는 일로 짜증을 내더라도 '내가 무슨 잘못을 했나?'라며 자신의 문제로 인식합니다.

다른 사람의 감정에 휘둘리면 한꺼번에 피로가 몰려옵니다. 더욱이 당신이 상대방을 배려하여 그의 감정에 바싹 다가섰다고 해서, 상대가 당신의 기분을 세세하게 살피는 것도 아닙니다. 그래서 방금까지 굉장히 우울했던 사람이 몇 분 뒤에는 엄청나게 밝아지기도 합니다.

상대에게 맞추는 당신은 조금씩 달라지는 상대의 변화에 지치기도 하고, 당신은 한창 함께 고민하고 있는데 상대는 이미 회복되어 있으면 짜증이 납니다.

하지만 우리는 다른 사람의 행동과 감정을 바꿀 수 없습니다. 다른 사람의 기분을 살피며 억지로 바꾸려고 노력할 필요 없습니다.

그 사람의 감정을 바꿀 수 있는 것은,
그 사람뿐입니다.

반대로 말하면 당신의 감정은 당신의 의지로 얼마든지 바꿀
수 있습니다.

'나의 감정'은 '나만의 것'입니다.

상대의 감정에
전염되지 마라

정신과 전문의들은 상담을 통해 환자에게 다양하게 조언하고 있지만, 실제로 변할지 말지는 환자 본인에게 달렸습니다.

섬세하고 친절한 사람일수록 다른 사람의 감정을 받아들이고 상대에게 맞추려는 경향이 있습니다. 하지만 당신이 피곤해진다면 주객이 전도되는 일입니다.

고민을 듣고 있을 때는 고민을 털어놓는 사람이 주인공(주축)이 되겠지만, 그럴 때도 자기 마음을 최우선으로 생각하고 자기중심으로 행동합니다.

상대와 이야기를 나누는 동안 불쾌하고 부정적인 감정을 느꼈다면, 생각의 관점이 자기중심으로 설정되어 있지 않았다고 할 수 있습니다. 그럴 때는 마음이 편해질 때까지 상대와 시간을 두거나 물리적인 거리를 유지합니다.

누군가의 고민 상담을 들어줄 때는
당신의 몸과 마음이 건강한 상태여야 합니다.

조금이라도 피곤하거나 멘탈이 약한 상태라면, 당신의 마음이 흔들리기 쉽습니다. 그럴 때는 다른 사람의 고민 상담은 멀리하는 것이 좋습니다.

어쩔 수 없이 상대에게 끌려가고 말았다면, 그때는 최대한 빠르게 자신의 감정을 원래대로 되돌리는 것이 중요합니다.

당신의 기분을 좋게 만드는 표현을 떠올리거나, 기분 좋은 상태의 가치를 다시 떠올리고, 가장 좋아하는 아이템을 보면서 긍정적인 감정을 되살립니다.

우울함을
부채질하는 것들에서
멀어지기

오늘날을 살아가는 사람들에게 SNS는 떼려야 뗄 수 없는 것입니다. SNS를 하고 있으면 시간 가는 줄 모를 정도로 빠져들게 됩니다.

하지만 자신이 올린 게시글에 '좋아요' 수나 팔로워 수가 얼마나 되는지 신경 쓰고 댓글에 일희일비하다 보면 재밌어야 하는 SNS가 오히려 나를 지치게 합니다.

SNS의 팔로워나 '좋아요' 수를 마치 당신이라는 사람에 대한 평가 점수처럼 생각하고 있지 않나요?

멘탈이 약한 상태일 때 SNS를 보고 있으면, 자연스럽게 자신의 점수에 눈이 가기 쉽습니다. 자신에 대한 평가가 좋지 않으면 SNS 공간에서도 주변의 시선을 신경 쓰고, 자신이 다른 사람에게 어떻게 보이는지 걱정하게 됩니다.

어느 나라든 사람들이 인터넷에 지나치게 의존하는 것이 사회문제로 떠오릅니다. 특히 SNS를 중심으로 한 커뮤니케이션의 비중이 높은 나라에서는 더욱 심각한 문제가 되기도 합니다.

SNS 공간에는 자신과 같은 관심사를 가진 사람들이 모여듭니다. 현실 세계에서는 대중적이지 않은 독특한 관심사도 SNS 공간에서는 '나와 취향이 같은 사람들이 이렇게 많구나'라고 착각하게 됩니다. 나의 취향을 공감해주고 마음을 편하게 해주는 SNS 공간에서 멀어지기 힘들겠지요.

당신이 틀린 말을 해도 '완전 공감해!'라고 말해주는 사람들로 가득 차 있으면 '나는 옳다'라고 믿어버립니다.

익명으로 소통하며 자신과 같은 생각을 가진 사람들로 가득한 공간. 이러한 특성으로 인해 SNS는 그 누구에게도 방해받지 않고, 자신에게 모든 것을 맞춰주는 공간이 됩니다.

멘탈이 지치고 피로할 때도 SNS를 멈추지 못하는 이유는, '다른 사람과 연결 고리가 필요하다' 혹은 '누군가 내 말에 공감해주면 좋겠다'라는 감정을 충족할 수 있기 때문입니다.

하지만 SNS는 어디까지나 즐기기 위한 도구일 뿐입니다. 지금 당신이 SNS를 보면서 즐겁다면 괜찮습니다. 하지만 SNS를 보고 마음이 복잡하거나 짜증 나거나, 화면 너머 상대의 반응에 좌우되고 있다면, 일단 스마트폰과 거리를 두는 것이 좋습니다.

자신의 멘탈을 흔드는 곳에
굳이 먼저 다가갈 필요는 없습니다.

지금은 스마트폰 하나로 일상뿐 아니라 업무의 많은 부분을 처리할 수 있습니다. SNS를 하지 않더라도 편리한 스마트폰을 사용하지 않을 수가 없습니다. 하지만 스마트폰을 사용하면 십중팔구 SNS를 하게 됩니다. 따라서 SNS를 보면서 피로감을 느낀다면 스마트폰을 멀리할 수밖에 없습니다.

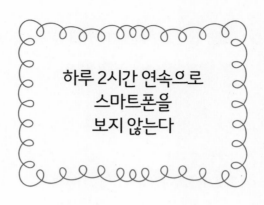

하루 2시간 연속으로
스마트폰을
보지 않는다

'SNS를 하고 싶지 않은데도 보지 않을 수가 없다.'

'스마트폰을 하지 않을 때는 안절부절못한다.'

'정신을 차리고 보니 스마트폰을 손에 들고 나도 모르게 SNS를 하고 있다.'

그렇다면 이미 SNS 중독입니다. SNS 중독은 '그만하자'라고 굳게 마음먹지 않으면 좀처럼 벗어날 수 없습니다. '어쩌다 보니 SNS를 하지 않게 되었다'는 식으로 쉽게 치료하기는 어렵습니다. 스스로 의식하지 않으면 SNS에서 멀어질 수 없습니다.

스마트폰의 존재를 잊을 정도로 몰두할 수 있는 무언가를 해야 중독에서 벗어날 수 있습니다. 다만 도저히 스마트폰의 존재를 잊을 수 없을 정도로 SNS에 심각하게 중독되었다면 의도적으로 스마트폰과 거리를 두어야 합니다.

스마트폰과 물리적으로 거리를 두는 방법 중 하나는
영화관이나 스포츠 시설 등 짧은 시간이라도
스마트폰을 만질 수 없는 환경에
적극적으로 뛰어드는 것입니다.

스마트폰이나 SNS를 보는 시간을 조금씩 줄여나가는 것입니다.

'스마트폰을 2시간 동안 보지 않는다'라는 식으로 하루 중에 스마트폰을 하지 않는 시간을 정해두고 실천해봅니다.

원래 현실 세계의 대용이 SNS 공간입니다. SNS는 어디까지나 가상공간입니다. 그것이 뒤바뀐 사람은 SNS 공간 대신 현실 세계의 시간을 소중히 여겨봅니다. 예를 들어 오프라인에서 직접 대면하거나, 밖으로 나가서 실제로 행동하는 즐거움을 경험합니다.

굴욕감에서
카타르시스를
얻는 법

지금과 같이 인터넷을 통해 모든 정보가 공개되는 세상에서 과거의 무언가를 완전히 감춘다는 것은 도저히 불가능합니다. 그렇다면 이제는 그것을 감추지 말고 적극적으로 드러내는 것은 어떨까요?

저는 대학생 때부터 방송 활동을 했습니다. 대학교 4학년에 준미스 일본에 선발되어 정식 뉴스 프로그램에 나간 적도 있고, 예능 프로그램에도 출연했습니다. 화보를 찍고 DVD나 사진집도 냈습니다.

좁은 의학업계에는 저와 같은 경력을 가진 사람도 없어 실습이나 근무했던 병원에서 그 사실을 알고 있는 사람도 꽤 있었습니다.

　지금은 그런 말을 거의 듣지 않게 되었지만, '재미있네'라든가 '대단하다'라며 호의적으로 말해주는 사람도 물론 있었습니다. 하지만 모든 사람들이 좋게 말한 것은 아닙니다.

　대놓고 '흑역사네요'라고 말하는 사람도 있었습니다. 사진집을 냈던 의사는 신뢰할 수 없다는 편견을 가져도 대꾸할 마음은 없습니다. 그저 '그렇게 생각하는 사람도 있구나'라고 생각할 뿐입니다.

　저는 그 시절을 흑역사라고 생각하지 않습니다. 그 경험을 통해 의학업계에서는 마주치기 힘든 많은 사람들을 만났고, 다양한 세계를 경험할 수 있었습니다.

　실제로 진료하다 보면, 환자들에게 "선생님은 어쩐지 의사답지 않아서 이야기하기가 편해요"라는 말을 들을 때가 있습니다. 이것은 대학생 시절 방송 활동을 했기 때문에 가능한 일이라고 생각합니다.

　또 유명인이 스트레스를 받아 멘탈이 무너졌을 때 그들의 입장을 조금은 이해할 수 있는 것도 과거의 경험이 있기 때문입니다. 저는 '이런 정신과 전문의는 나 말고 없을 것'이라고 생각합니다.

또 사람들 앞에서 강의나 강연할 때 긴장하지 않고 말할 수 있는 것도 방송 활동 경험으로 얻은 이점입니다.

흑역사에 관해 자신이 먼저 나서서 억지로 웃으며 말하거나 희화할 필요는 전혀 없습니다. 평소에 자신을 낮춰서 이야기하는 버릇이 있는 사람은 자칫 분위기를 망칠 수 있습니다. 다만 상대가 물어볼 때는 굳이 감추지 않고 사실 그대로 이야기하면 됩니다.

저도 환자들에게 "인터넷에 선생님 이름을 검색하면, 여러 정보가 나오더라고요"라는 말을 들은 적이 있습니다. 그럴 때는 "다양한 경험을 했지요. 인생을 즐겁게 살려고 합니다"라며, 환자들이 열등감을 느끼지 않도록 대답합니다. 그렇게 말한다고 해서 환자가 병원에 발길을 끊지는 않습니다.

흑역사를 계속 감추는 것은 과거의 자신을 부정하는 행위입니다. 그러다 보면 현재의 자신조차 낮게 평가합니다.

흑역사를 비밀로 하고 숨기면,
그것이 점점 무겁게 내리눌러서
현재를 즐겁게 살아갈 수 없습니다.

'사실은 사실'로 받아들이고 흑역사의 기간을 거쳐 어떻게 좋은 방향으로 발전했는지, 아니면 지금부터 그 흑역사를 어떻게 활용할 수 있을지를 생각해보고 당신을 과거의 저주에서 해방시키기를 바랍니다.

자존심은
자존감이 아니다

다른 사람의 평가에 얽매이지 않고 자신의 장점을 아는 것만큼 중요한 것이 자신의 단점을 아는 것입니다.

조금 더 나아가 자신이 할 수 없는 것을 다른 사람에게 분명하게 전달할 수 있는 것, 그것이 약한 멘탈로 즐겁게 살아갈 수 있는 궁극적인 비결입니다.

사람들은 대부분 자존심을 지킬 수 있을 정도의 아슬아슬한 자신감을 가지고 있습니다.

'나는 학생 때 친구보다 성적도 좋았고, 대기업에 취직했다.'

'SNS에 게시물을 올리면, 다른 사람보다 댓글이 더 많이 달린다.'

'동기 중에서는 내가 선배의 눈에 가장 먼저 들었을 것이다.'

이런 사람들은 멘탈이 약한 자신이 싫고, 뛰어난 사람도 아닌 데다, 다른 사람에 비하면 이것도 저것도 못 하는, 그런 자신감 없는 모습을 열심히 감추려고 합니다.

자기 몸을 지키기 위한 갑옷을 두르고, 진정한 자신을 필사적으로 숨긴 채 살아가는 것입니다. 그러니 '더 이상 건드리지 마!'라는 의미의 갑옷인 셈입니다.

진정한 자신감을 가진 것이 아니므로
'불가능한 나'의 모습을 다른 사람들이 보게 되면
지금 최선을 다해 유지하고 있는
멘탈의 균형이 무너집니다.

또한 그것을 방어하기 위해 더더욱 갑옷을 겹쳐 입다가, 어느새 몸을 움직일 수 없는 상태가 되어버립니다. 이상한 자존심으로 몸을 지키고 있으니, 주위 사람들이 보기에도 불편할 것입니다.

저도 대학생 시절에는 자신을 '에베레스트 자존심'이라고 할 정도로 자존심 덩어리였습니다.

지금도 여전히 방송 활동을 하고, SNS에 셀카를 게시하는 제가 이런 말을 하면 놀랄지도 모르겠지만, 거울을 보고 싶지 않을 정도로 나의 외모가 마음에 들지 않았습니다.

거울을 보면 못생긴 부분만 눈에 들어왔습니다. 화장실에도 거울을 두지 않았고, 시력이 좋지 않아도 콘택트렌즈를 끼지 않은 채 흐릿하게 대충 얼굴을 확인했습니다.

화장할 때가 가장 힘들었습니다. 얼굴 전체를 보고 싶지 않았기에 눈 한쪽씩, 코, 입, 순서로 작은 거울에 일부분만 비춰 보면서 화장했습니다.

화장이라는 갑옷과 자존심이라는 더 강고한 갑옷을 두르고 밖에 나갔습니다.

'그러면서 방송 활동은 왜 한 거야?'라고 의문을 품는 사람도 있을 것입니다. 하지만 저는 사람들이 나를 봐주기를 바라거나 인기를 얻고 싶어서 방송 활동을 한 것이 아닙니다. 다른 사람이 보기에 괜찮은 범주에 속하는지, 다른 사람의 평가를 확인하기 위해서였습니다.

외모뿐 아니라 저를 잘 보여주기 위해 필사적이었습니다. 예를 들어 엄청나게 열심히 공부하고서는 다른 사람들에게는 하지 않은 척하는 것입니다.

자존심이라는 갑옷을 몸에 둘렀을 때의 이점도 있습니다. 열심히 공부해서 의사가 된 것도 자존심 덕분입니다. 그렇게 공부하는 습관을 들였기에 어른이 된 지금도 다양하게 배울 수 있습니다.

하지만 당시에는 '저는 못 해요'라는 말을 절대 하지 않았습니다. 서툴더라도, 싫어도, 해야만 했습니다.

지금은 '하고 싶으니까 한다'라고 생각하지만, 당시에는 '하지 않으면 나의 존재 가치가 사라질 것이다'라는 초조한 마음으로 열심히 했습니다.

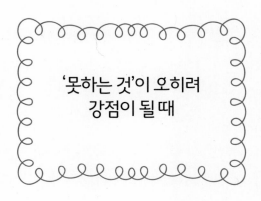

'못하는 것'이 오히려
강점이 될 때

자존심이라는 갑옷을 뒤집어쓰고 있던 저에게 전환기가 찾아왔습니다. 방송 활동을 하고 있는데도 성공할 가능성이 전혀 보이지 않았던 것입니다. 제가 하고 싶고 노력해도 이루어지지 않는 일이 있다는 것을 깨달았습니다.

그때까지는 자신 없다는 말은 해도 어디까지나 노력하면 어떻게든 아슬아슬하더라도 합격선에서 점수를 줄 수 있다고 생각하며 자존심을 지켰던 것이지요.

하지만 방송 활동을 하면서 합격선에 닿지 않는 나 자신이 '아무것도 아닌 존재'라는 것을 깨닫고 비로소 마음이 편해졌습니다. 그리고 어른이 되면서 세상에는 아무리 노력해도 뛰어넘을 수 없는 일들이 많다는 사실을 실감했습니다.

아무것도 하지 못하면서 자존심만 세서 다른 사람들이 다가오기 어렵게 만들었다고 생각하니 나 자신이 너무 부끄럽고 우습다는 생각이 들었습니다.

지금은 자존심을 세우는 것이 오히려 손해라는 것을 압니다. 다가가기 어려운 사람이 되고, 자신 있는 척 행동해야 하며, 진심을 말할 수 없고, 혼자 외롭게 열심히 할 수밖에 없다면 괴로운 일입니다.

자존심을 지나치게 내세우면
자신뿐만 아니라 다른 사람도
눈에 보이는 것으로 평가하기 시작합니다.

상대를 직함, 직무, 팔로워 수나 외모 등으로 판단하는 것입니다. 상대가 나보다 위인지 아래인지를 먼저 따져보고 자신보다 아래에 있다고 판단하면 무시합니다. 그리고 자신보다 위라고 판단하면 필요 이상으로 굽신대면서 결국 이상한 관계가 됩니다. 아니면 '왜 저런 사람이 좋은 평가를 받는 거지? 실력도 없는데 말이야'라며 상대방에 대한 평가를 떨어뜨리려고 합니다.

그렇게 행동한다면 점점 사람들이 자신에게서 멀어질 것입니다.

멘탈이 약하거나 자기긍정감이 낮은 사람은 남들 앞에서 자존심을 내세우지 않는 것이 좋습니다. 적어도 저는 자존심을 내려놓고 훨씬 편하게 살고 있습니다.

다른 사람의 좋은 점을 발견하고 진심으로 좋다고 생각할 수 있으며, 감사하다는 표현도 거리낌 없이 할 수 있습니다.

나에게 부족한 부분은 기꺼이 다른 사람의 도움을 받고, 이해하지 못한 것이 있다면 당당하게 물어봅니다. 그렇게 하면 지식도 편하게 쌓을 수 있습니다. 저 또한 노력의 어려움을 알기에 노력하는 사람을 진심으로 존경합니다. 나이나 직함에 얽매이지 않고 이야기를 듣거나 가르침을 받을 수도 있습니다.

그런 사고방식을 가지고 나서 저를 응원해주는 친구들이 늘어났습니다.

"저는 운이 잘 따르지 않는 것 같아요.
저만 손해 보는 것 같고요."

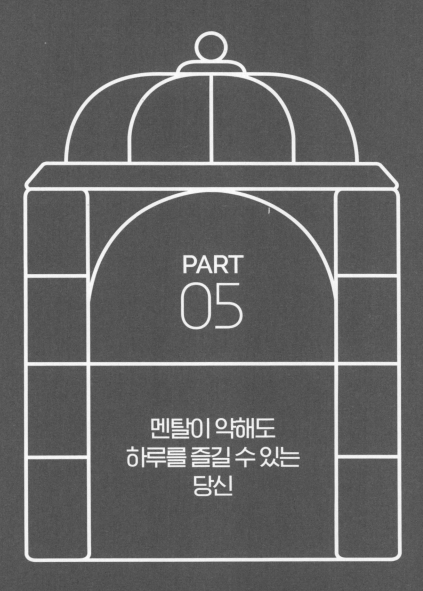

PART
05

멘탈이 약해도
하루를 즐길 수 있는
당신

나를 위해
존재하는 것들

"선생님은 정말 충실하게 사시는 것 같아요" 혹은 "선생님은 '나 따위'라는 감정을 잘 모르시겠지만"이라는 말을 종종 듣습니다. 하지만 저도 '나 따위'라는 말을 자주 사용합니다.

아마도 자존심이 하늘을 찔렀던 시절, 갑옷으로 자신을 꽁꽁 싸매고 있던 때의 자신감 결여가 뿌리 깊이 얼룩져 있지만, 가끔 비굴해지는 내 모습을 보면서 '이대로도 괜찮아'라고 생각합니다.

언제나 긍정적으로 생각할 수 있다면 좋겠지만, 그것은 어디까지나 이상적인 모습일 뿐입니다. 저도 우울함에 빠져 '나 따위'라고 생각할 때가 있습니다.

다만 그런 생각을 하더라도 말로 표현하지 않으려고 노력합니다. '나 따위'라는 말 뒤에 이어지는 것도 '어차피 안 될 거야' 혹은 '당신과는 애초에 능력 자체가 다르니까'라는 부정적인 표현입니다.

상대가 '그렇지 않아'라고 말해주어도 계속 축 처져 있으면 주위 사람들은 점점 멀어져갑니다.

'나 따위'라는 마음이 들 때는 시야가 좁아져 있습니다. 그럴 때는 비겁하고 용기 없는 자신을 인정하고, 주위 환경을 더 멀리 바라봅니다.

'나 따위'라고 생각하는 자신과 함께 일하는 사람들과 자신에게 주어진 일의 가치를 생각하고, 사진을 보며 즐거운 추억을 함께 나눈 친구들을 떠올립니다.

그러면 좁아진 시야가 점점 넓어지면서, 일상에서 당연한 것들, 귀찮거나 싫다고 생각하던 업무도 갑자기 반짝반짝 빛나 보이면서 해상도가 올라가는 느낌이 듭니다.

자신이 약해져 있을 때일수록
주위 환경에 감사할 좋은 기회입니다.

감사하는 마음을 가지면 자신과 관계된 사람이나 상황이 너무 좋아서 견딜 수 없을 것입니다. 친구에게 연락해서 넌지시 고맙다고 말할 수 있고(친구가 '갑자기 왜 그래?'라고 말할 수도 있겠지만), 늘 하던 일도 진지하게 할 수 있습니다.

친구에게 고마움을 전하면 유대가 더욱 깊어지고, 최선을 다해 일하면 능력이 향상되어 자신의 가능성을 느낄 수 있습니다.

'나 따위가 뭘 할 수 있겠어'라고 생각하는 자신을 나약하다고 스스로 자신에게 문을 닫아버리지 않아야 합니다. 어떤 감정이 생겨나도 괜찮습니다. 훌륭하게 회복해나가면 됩니다.

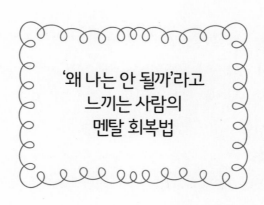

'왜 나는 안 될까'라고
느끼는 사람의
멘탈 회복법

다른 사람들에게 잘 보이고 싶고, 좋은 평가를 받고 싶고, 존경받거나 인정받고 싶은 것은 누구나 가지는 당연한 욕구입니다. 이것을 승인 욕구라고 합니다.

저도 칭찬을 받고 싶고, 대단하다는 말을 듣고 싶습니다. 이런 승인 욕구가 충족되지 않으면 자신은 누구에게도 인정받지 못한다는 열등감이나 무력감을 불러일으킵니다.

승인 욕구에 집착하는 사람은 너무나 인정받기를 원하지만, '인정받을 때까지 더 해야 해'라는 초조함을 느끼게 됩니다.

이런 승인 욕구에는 2가지 종류가 있습니다. '낮은 수준의 승인 욕구'와 '높은 수준의 승인 욕구'입니다.

낮은 수준의 승인 욕구는 다른 사람의 평가를 통해 얻을 수 있습니다. 칭찬이나 주목을 받고, 대단하다는 말을 들으면 충족됩니다. 사람들은 대부분 '낮은 수준의 승인 욕구'에 속박되어 있습니다.

승인 욕구가 너무 강한 사람은 상대보다 우위에 서려고 하기 때문에 소통이 원활하지 않습니다. 이런 사람들은 상대하기가 너무 힘듭니다.

'높은 수준의 승인 욕구'는 자신을 존중함으로써 얻을 수 있습니다. 자신을 소중히 여기며 기술이나 능력을 습득하고, 다른 사람의 평가가 아닌 자신의 평가를 중시합니다.

자신을 인정해주는 높은 수준의 승인 욕구가
낮은 수준의 승인 욕구보다 우선되어야 합니다.

이것은 타인 중심이 아닌 자기중심으로 살아가는 것을 의미합니다.

다른 사람의 평가는 저주가 될 때도 있습니다. 현실 세계에서는 엄청나게 열심히 노력해도 성과를 내느냐 못 내느냐 하는 결과를 중시하기 때문에 과정은 모두 물거품이 되어버립니다.

'저 사람보다 내가 더 열심히 했는데'라는 억울한 감정이 자신의 목을 조르게 됩니다.

최선을 다했는데도 성과를 내지 못하면 어느 날 갑자기 허무함이 파도처럼 밀려옵니다. '지금 내가 뭘 하고 있는 거지?'라는 생각이 드는 것입니다.

다른 사람에게 좋은 평가를 받는 것이 목표가 되면 '이렇게 열심히 한들 나한테 무엇이 남지?'라며 처음의 목적과 보람을 잃고 어느새 괴로움이 앞서게 됩니다.

그런 마음이 들면 목표를 달성했다고 해도 기쁨보다 안심에 가까운 감정이 샘솟아, 낮은 수준의 승인 욕구도 충족되지 않습니다.

자신에 대해 평가할 때는
지나치게 엄격하게
점수를 매기지 않아도 괜찮습니다.

그저 '아침 식사를 했다', '지각하지 않고 출근했다'는 정도로 충분합니다. 계속해서 자신을 칭찬하고 소중히 하고 인정해주어야 합니다.

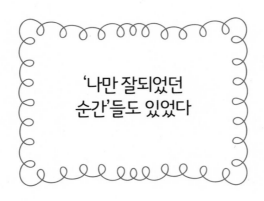

'나만 잘되었던
순간'들도 있었다

물론 다른 사람에게 칭찬받고 싶은 것은 당연한 마음입니다. 칭찬받으면 기분이 좋고, 힘들 때일수록 열심히 노력하는 자신을 누군가 알아주길 바라는 것이지요.

저는 다른 사람에게 인정받고 싶을 때 먼저 말합니다. 다른 사람이 인정해주기까지 기다리다 보면 한층 더 칭찬받고 싶은 마음에 상황이 점점 꼬이고, 결국 손해를 입게 됩니다.

'나를 알아봐 달라'는 식으로 다른 사람을 부담스럽게 만들어서는 안 됩니다. 당신이 원하는 반응을 해준다는 보장도 없고, 그럴 때일수록 칭찬을 원한다는 속내가 훤히 들여다보이기 때문입니다.

노골적으로 드러내면 오히려 상대가 원하는 반응을 해주고 싶지 않은 것이 인간의 본성입니다. 대단하다고는 생각하지만, 어쩐지 칭찬해주고 싶지 않은 것이지요.

그러니 자신이 먼저 '저 정말 열심히 했어요. 칭찬해주세요' 라고 적극적으로 표현해봅니다. 그렇게 말하면 모두 웃으며 칭찬해줄 것입니다.

타인 중심으로 살아가며 낮은 수준의 승인 욕구가 충족되지 않으면, '나만 손해를 보고 있다'라는 감정이 폭발하는 경우가 있습니다.

'나는 이렇게 노력하고 있는데 인정해주지 않는다. 그다지 열심히 하지 않는 저 사람만 좋은 평가를 받고 있다. 제대로 인정받지 못하는 내가 불쌍하다.'

이런 감정을 한 번쯤 품어보았을 것입니다.

열심히 노력하는 사람일수록 좀처럼 결과가 따라오지 않아서 우울하고 억울하다는 생각이 듭니다.

'왜 나만'이라는 피해의식이 강해졌을 때는 '나만'이라는 말 다음에 자신이 어떤 이득을 보고 있는지 찾아봅니다.

'이런 매력을 아는 사람은 나밖에 없을걸.'

'나는 뽑기 운이 무척 좋다니까.'

'마지막 하나를 내가 얻었어. 평소에 착실하게 살았기 때문이야.'

사소한 일이라도 좋으니
'나만 행복한 거 아니야?'라고 생각할 수 있는
일상의 행복을 느껴보기 바랍니다.
그러면 좁고 어두운 시야가 넓어질 것입니다.

억지로라도 즐거운 일을 스스로 만들어보는 것도 좋습니다. '평일 낮부터 맥주를 마시고 있어. 아마 세상에서 내가 제일 행복할 거야'라고 다른 사람 몰래 휴식을 취하거나 자신에게 특별한 선물을 주는 것입니다.

분하고 괴로운 감정에 휩싸이면 부정적인 감정에 지배되어 사소한 행복에 눈을 돌리기 어렵습니다. 그럴 때는 내가 좋아하는 것(38쪽 참고)을 떠올리고, 적극적으로 거기에 의지해봅니다. 자신이 기분 좋은 상태로 시선을 돌려봅니다.

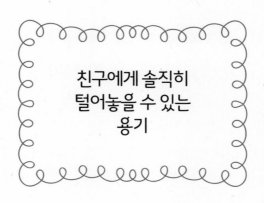

친구에게 솔직히
털어놓을 수 있는
용기

몹시 지치고 힘들 때 우리는 울적해지거나, 반대로 다른 사람과 마찰을 빚기 쉽습니다. 자신도 어떻게 해야 좋을지 모르는 감정을 다른 사람에게 솔직하게 드러낼 수 있는 사람은 거의 없습니다.

게다가 감정을 솔직하게 내비쳤다가 다른 사람들이 귀찮다고 생각할 수도 있습니다. 용기 내서 말했는데 상대가 '그런 일로 우울해하는 거야?'라는 반응을 보이면 오히려 마음의 상처를 입게 되죠. 그래서 누군가에게 솔직하게 말하기가 두렵습니다.

누군가에게 털어놓고 도움받는 것은
자신을 돌보는 훌륭한 방법입니다.

걱정이나 부정적인 감정을 털어놓는 상대의 이야기를 들어
주기가 귀찮거나 성가시다고 생각할 때는 다음과 같은 경우입
니다.

- 항상 우울한 기분에 빠져 있다.
- 조언을 해줘도 귀담아듣지 않는다.
- 조언을 해주면 오히려 반박하고 딴지를 건다.
- 한숨만 내쉬어서 자신도 기분이 안 좋아질 것 같다.

멘탈 관리의 전문가인 저도 친구의 이야기를 들어주다가 종
종 울적해질 때가 있습니다. 저는 기분이 땅바닥까지 떨어지기
전에 '이제 안 되겠어', '이제 한계야'라고 웃으면서 친구에게 털
어놓습니다. 밝은 표정으로 미리 도움을 청하는 것입니다.

친구에게 말할 때는, '요즘 이런 일이 있어서 힘들어'라며 제
감정을 온전히 전하려고 노력합니다.

다른 사람에게 이야기하고 나서 마음이 후련해진 경험이 있

지 않나요?

　물론 이야기할 상대를 잘 고르는 것이 좋습니다. 이야기를 꺼냈는데 상대가 '괜찮아 보이는데?'라고 낙관적으로 반응하거나, '겨우 그것 때문에?'라고 공감해주지 못하면 더욱 비참해질 것입니다.

'내 이야기 들어줘서 고마워'

잘 들어줄 만한 사람에게 털어놓는 것이 중요합니다. 지금 당신의 고민과 비슷한 경험을 한 적 있는 사람이나 당신이 열심히 노력했다는 것을 아는 사람에게 이야기합니다.

다른 사람의 노력을 인정해줄 수 있는 사람은 대부분 본인의 삶을 열심히 살아온 사람입니다. 열심히 사는 사람은, 삶의 고달픔을 느끼거나 남몰래 속앓이를 경험해왔을 것입니다.

그런 사람은 당신과 깊은 관계가 아니라도 비슷한 환경에서 괴로워하는 당신의 이야기를 진지하게 들어줄 것입니다. 상사, 선배, 동료, 친구, 지금까지 그런 이야기를 나눠본 적이 없는 사람이라도 조금만 용기를 내서 속마음을 털어놓아 봅니다.

내 이야기를 들어준 상대에게는
반드시 고마운 마음을 전합니다.
소중한 시간을 내주었다는 것 자체가
감사한 일입니다.

마음이 가라앉아 있을 때일수록 감사하는 마음을 갖는 것이 중요합니다. 감사하는 마음을 갖는 것만으로도 행복 호르몬인 세로토닌이 분비됩니다. 누군가에게 감사하는 것은 스스로 행복해지는 방법이기도 합니다.

섬세한 마음을 가진 사람일수록 상대의 시간을 **빼앗아** 미안하다고 생각할지 모릅니다. 하지만 그것이 미안한 일인지 아닌지는 상대가 결정하는 것입니다. 미안하다는 생각에 상담하지 않겠다는 마음은 접어둡니다.

상대도 바쁜 사람이라면 모든 사람의 이야기를 들어줄 시간이 없을 것입니다. 그런데도 당신의 이야기를 들어주었다는 것은 그만큼 당신을 아끼고 있다는 뜻입니다.

당신의 이야기를 들어준 상대에게 감사한 마음을 전하면 그 사람도 당신이 자신에게 의지한 것을 기쁘게 여길 것입니다.

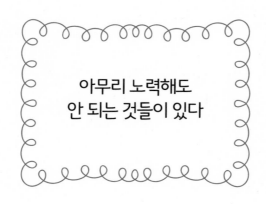

아무리 노력해도
안 되는 것들이 있다

컨디션이 안 좋을 때는 아무리 노력해도 일이 잘 풀리지 않고, 보상도 받지 못하면 마음이 괴로워집니다. 어떤 노력으로도 할 수 없는 것이 분명 존재하고, 운이 따라주지 않을 때도 있습니다. 주위 사람들에게 좋은 평가도 받지 못하고, 그러다 보니 또다시 우울해집니다.

컨디션이 안 좋으면 자신의 감정을 헤아릴 수도 없습니다. '이제 포기하고 싶다', '도망치고 싶다'라는 생각이 들 때, 아주 조금이라도 긍정적인 사고를 해야 합니다.

컨디션이 좋지 않을 때는
의도적으로 노력을 멈춰야 합니다.

정신적으로 지치고 외적인 요인으로 평가도 떨어질 때는 '어떻게든 해야겠다'라는 생각을 접어야 합니다.

'지금은 노력할 때가 아니다. 우선 괴로움을 피하는 것이 좋겠어. 평가가 떨어져도 어쩔 수 없지. 지금은 휴식해야 할 때야. 겨울잠을 자야 할 시기인 거지. 환경이 좋아지거나 내가 충전이 완료되면 다시 열심히 노력하면 돼. 그러면 성과도 나오고 좋은 평가도 받을 거야.'

세상에는 자기 혼자의 힘으로는 도저히 어찌할 수 없는 것, 바꿀 수 없는 것들이 많습니다. 자신이 바꿀 수 없는 환경 때문에 당신의 컨디션이 나빠졌다면 어쩔 수 없습니다.

그러므로 '노력이 부족하다' 혹은 '개선될 때까지 시행착오를 반복해야 한다'라고 자신을 몰아붙이지 않기를 바랍니다.

저공비행으로 전환하여 자신의 멘탈이 안전하게 쉴 수 있는 곳으로 이동합니다. 이런 상황에서는 업무의 질이 떨어지거나 결과가 나오지 않아도 괜찮습니다.

쉽게 맞서 싸울 수 있을 때
맞서 싸우면 됩니다.

컨디션 난조의 파도를 느꼈다면 '지금은 승부를 겨룰 때가 아니다'라며 손에 꽉 쥔 기어를 풀고 외적 요소를 개선하는 등 열기가 조금 가라앉았을 때 다시 도전하면 됩니다. 당신답게 살아갈 수 있는 것들을 우선해야 합니다.

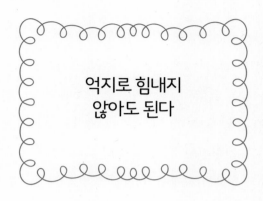

억지로 힘내지
않아도 된다

멘탈이 약해져 있을 때는 아무래도 힘이 나지 않는 것이 당연합니다. 의욕이 전혀 없어도 당장 눈앞에 해야 하는 일이 있을 때는 일단 움직이는 것이 중요합니다.

움직인다는 것은 말 그대로 손, 발, 입, 무엇이든 좋으니 자세를 바꾸는 것을 의미합니다. 처음에는 귀찮지만 일단 시작하면 의외로 하고 싶은 마음이 생깁니다.

뇌과학적으로도 일단 몸을 먼저 움직여야 뇌가 움직이기 시작합니다. 뇌가 움직이면 자연스럽게 의욕이 생기고, 해야 하는 일을 시작할 수 있으며, 작업에도 속도가 붙습니다.

그러니 일단 움직이는 것이 중요합니다.

다만 그것과는 별개로, 요즘 시대에는 스마트폰이나 컴퓨터 등 마음을 가만두지 않는 것들이 너무 많습니다.

겨우 의욕이 생겨도 유혹이 있으면 거기에 마음이 기우는 것이 당연합니다. 무언가에 집중하고 싶다면 나를 흔드는 유혹을 제거하고 주변 환경을 정돈해야 합니다.

처음부터 의욕이 없거나, 하고는 있지만 효율이 떨어질 때는, 지금 반드시 하지 않아도 괜찮습니다. 그러므로 단념하는 것도 하나의 방법입니다. 궁지에 몰리면 사람은 어떻게든 하게 되어 있습니다.

'일이 진행되지 않으니 쉴 수가 없다.'

'지금 다들 바쁘게 일하고 있는데 어떻게 나만 쉬고 싶다고 말해.'

'만회해야 한다', '열심히 해야 한다'고 생각하지만 효율이 오르지 않아 짜증이 나고 기분이 우울해집니다. 모든 일에 최선을 다하는 성실한 사람일수록 그런 생각에 빠지기 쉽습니다.

이럴 때 가장 먼저 해야 할 일이 있습니다.

바로 '휴식을 취하는 것'입니다.
'일단 쉬어야 합니다.'

일을 하지 않으면 병이 난다는 사람은 휴식을 취하면 왠지 모르게 죄책감이 든다고 합니다. 게으름을 피우는 것과 같다고 생각하는 것입니다. 하지만 휴식은 자신의 생산성을 향상하기 위해 꼭 필요합니다.

효율이 떨어지고 있을 때의 당신은 아슬아슬한 엔진으로 달리는 자동차와 같습니다. 분명 달리고는 있지만 조금이라도 무슨 일이 일어나면 자동차는 멈춰버립니다. 심지어 고장 나버리면 아예 달리지 못하고 정비소로 들어가야 합니다.

시간이 없다는 초조함에 어중간하게 수리를 마무리하면, 곧바로 다시 고장이 나서 정비소로 들어가야 합니다.

그런 자동차를 타고 운전하기에는 불안하지 않나요?

안전하게 오래 달리려면 자동차도 일정한 휴식이 필요합니다. 조금이라도 이상을 느끼면 연료를 채우는 등 꼼꼼하게 자동차의 상태를 살피고 관리해야 하듯이 사람에게도 휴식이 필요합니다.

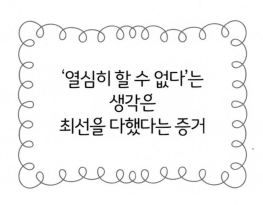

'열심히 할 수 없다'는
생각은
최선을 다했다는 증거

의욕이 생기지 않을 때, 기분 전환을 하고 싶어도 방법을 모르겠다고 말하는 사람들이 많습니다. 그들에게 취미가 뭐냐고 물어보면 대부분 '저는 취미가 없어요'라고 대답합니다.

많은 사람들이 취미를 오랜 기간 꾸준히 해오고 있는 것이나 잘하는 것이라고 생각합니다. 그런 생각도 다른 사람의 평가와 시선을 신경 쓰고 있는 것입니다.

최근에 당신은 언제 무엇을 하며 즐거움을 느꼈나요?
기분이 좋아서 또 하고 싶다고 생각한 적이 있었나요?

그 대답이 기분을 전환하는 방법입니다.

평소에 무슨 일이든 열심히 하는 사람, 최근 멘탈이 약해졌다고 느끼는 사람, 효율이 떨어지고 있다고 생각하는 사람은 조금 긴장을 풀어주는 시간을 가집니다.

물론 취미가 있으면 기분 전환을 쉽게 할 수 있습니다. 취미가 없거나 바로 떠오르지 않는다면, 최근 자신이 웃었던 순간의 환경을 다시 만들어봅니다.

엄청 즐겁다고 느꼈을 때 누구와 어디에서 무엇을 하고 있었는지, 언제 어떤 때에 웃고 있었는지, 스마트폰 등에 메모해봅니다.

자신이 언제 즐거웠는지, 기분이 좋았던 순간을 인식하는 습관을 들이는 것만으로도 기분이 좋아집니다.

'요즘 열심히 하지 않았어'라고 느끼는 사람은 처음부터 최선을 다했기 때문에 그렇게 생각하는 것입니다. 애초에 열심히 할 마음이 없는 사람, 열심히 하지 않는 사람은 그런 생각조차 하지 않습니다.

일단 그렇게 열심히 노력한 자신을 칭찬해줍니다.

그리고 스스로에게 말해줍니다.

'여기까지 잘해왔잖아. 잠깐 쉬어도 돼.'

태어난 김에, 즐겁게 사는 수밖에

'죽고 싶지는 않지만, 살고 싶지도 않아.'

'사는 게 재미없고, 즐거운 일도 없지만, 죽는 것도 싫어.'

이렇게 생각하는 사람들이 꾸준히 늘어나고 있습니다.

그런 사람들이 이 책을 읽고 생각이 바뀐다면 무척 기쁠 것입니다.

'죽고 싶지는 않지만, 살고 싶지도 않아. 그래도 사는 수밖에 없으니 이왕이면 즐겁게 살아볼까?'

'즐겁게 살아볼까?'라고 생각했다면, 속는 셈치고 이 책에서 말한 사고방식이나 환경 만들기를 시도해보세요.

무언가를 바꾸기 위해 어떤 행동을 하는 것은 정말로 귀찮은 일입니다. 그러니 꼭 오늘부터 달라지지 않아도 괜찮습니다.

내일부터라도, 한 달 뒤라도, 1년 뒤에 해도 괜찮습니다.

할 수 있다는 생각이 들 때마다 조금씩 도전해봅니다.

사람의 성격은 쉽게 변하지 않지만, 사고는 바꿀 수 있습니다. 최선을 다할 필요 없고, 저공비행이라도, 삶을 대하는 방식이 그동안의 절반 수준이라도 상관없습니다.

다만 이왕 사는 삶이니 다른 사람이 아닌 당신이 즐겁고 마음 편한 환경을 만들어야 합니다.

나이가 몇 살이든 자신이 마음 편히 지낼 수 있는 환경은 얼마든지 만들 수 있으니까요.

멘탈이 강한 사람이 승자이고, 멘탈이 약한 사람이 패배자는 아닙니다. 멘탈이 약하고 자주 우울감을 느끼는 자신을 있는 그대로 받아들이고 사랑하는 것이 중요합니다.

'그게 나야. 하지만 다른 좋은 점도 꽤 있어.'
'자주 우울하지만 금방 떨쳐버리고 하루하루 즐겁게 산다.'

그런 인생을 살아간다면 행복하지 않을까요?

유리 멘탈이지만
절대 깨지지 않아

초판 1쇄 발행 | 2023년 09월 17일
초판 4쇄 발행 | 2023년 11월 15일

지은이 | 기무라 코노미
옮긴이 | 오정화
펴낸이 | 정서윤

편집 | 추지영
디자인 | 지 윤
마케팅 | 신용천
물류 | 책글터

펴낸곳 | 밀리언서재
등록 | 2020. 3.10 제2020-000064호
주소 | 서울시 마포구 동교로 75
전화 | 02-332-3130
팩스 | 02-3141-4347
전자우편 | million0313@naver.com
블로그 | https://blog.naver.com/millionbook03
인스타그램 | https://www.instagram.com/millionpublisher_/

ISBN 979-11-91777-38-3 03190

값 · 17,000원